管教不失效

父母的用心,不成為孩子的枷鎖

李詩彤 著

DISCIPLINE DOES NOT FAIL

從情緒勒索到有效溝通
化解親子衝突、重建理解與信任

父母以為的愛,可能正在傷害孩子!
停止錯誤教育,別把孩子越推越遠

教育不是控制,而是啟發與陪伴
理解孩子的心,才能給予真正的愛

目 錄

前言　　　　　　　　　　　　　　　　　　　　005

第一章　理解孩子的世界　　　　　　　　　　　009

第二章　成為稱職的父母　　　　　　　　　　　023

第三章　培養孩子健康成長　　　　　　　　　　039

第四章　應對孩子的困惑　　　　　　　　　　　057

第五章　教育的本質　　　　　　　　　　　　　087

第六章　掌握教育的智慧　　　　　　　　　　　107

目錄

第七章　啟發孩子的思維潛能　　　　　　　　　133

第八章　孩子的情緒與性格發展（一）　　　　　157

第九章　孩子的情緒與性格發展（二）　　　　　185

第十章　孩子的行為塑造　　　　　　　　　　　201

第十一章　引導孩子的學習成長　　　　　　　　237

第十二章　建立良好的親子關係　　　　　　　　277

第十三章　避開教育的常見迷思　　　　　　　　331

前言

當您的寶寶來到這個世界的第一天,身為父母的您便開始了陪伴與守護的旅程。孩子是希望,是未來,更是我們用心栽培的新生命。作為父母,我們肩負著無可取代的責任,致力於撫育與培養下一代,引導他們在愛與關懷中健康成長。

「家長」,不僅是孩子對我們的稱呼,也是社會賦予我們的角色。我們的使命不只是滿足孩子的基本需求,更要培養他們成為身心健康、具備獨立思考能力與良好品格的社會一員。

近年來,社會整體的教育程度雖然有所提升,但許多家長仍缺乏有效的家庭教育觀念。根據某教育研究機構的調查顯示,儘管現今資訊發達,約七成的家庭在子女教育上仍存在盲點。這說明了運用科學的態度與正確的方法來培養孩子,已是刻不容緩的重要課題。

如何培養與教育孩子,不僅是一門學問,更是一門藝術。每位家長都會在這段旅程中遇到新的挑戰,因為孩子的成長是一個不斷變化的過程,每一天都帶來新的感受與學習。我們需要與孩子共同成長,在教育中學習,在學習中教育。

前言

本書將與您一起探討以下幾個核心議題：

1. 教育的基礎

無論您如何忙碌，都應撥出時間關心孩子的成長。俗話說：「十年樹木，百年樹人」，唯有深入了解孩子，才能真正理解他們的需求，進而給予適當的引導與支持。

2. 成為孩子的榜樣

孩子是父母的一面鏡子。作為家長，應該隨時反思自身的言行，了解自身的不足，不斷學習與成長，讓自己成為孩子值得效法的對象。

3. 營造適合孩子成長的環境

孩子的成長環境不僅包括物質條件，還涵蓋家庭氛圍、價值觀與教育方式。提供一個健康、良好的成長空間，是家長責無旁貸的責任。

4. 解決孩子成長過程中的問題

孩子在成長過程中難免會遇到挑戰與困難，家長是否能夠適時介入並協助解決，將直接影響孩子的發展。本書將探討如何運用適當的方法來應對這些問題，幫助孩子順利成長。

5. 教育應遵循自然法則

望子成龍、望女成鳳是許多父母的期待，但教育不能違背孩子的成長規律。我們應該尊重孩子的個別差異，依循科學的方法來引導孩子，避免過度施壓或不切實際的期待。

6. 培養孩子的行為能力與人格發展

孩子的行為與品格塑造是家庭教育的重點。家長是孩子的第一任老師，應以耐心與智慧，持續地給予正向的引導與教育，讓孩子在自然的成長過程中發展健全的人格。

7. 家長與學校的教育合作

孩子的學習主要發生在學校，但家庭教育同樣關鍵。家長如何與學校合作、如何在家中營造良好的學習環境，對孩子的學業發展至關重要。

8. 親子關係的平衡

孩子雖然是父母生命的延續，但同時也是獨立的個體，擁有自己的思想與情感。家長如何在親子關係中取得平衡，既給予支持又尊重孩子的獨立性，是值得深思的重要課題。

> 前言

9. 反思家庭教育的盲點

許多家庭在教育子女時，可能存在認知與方法上的謬誤。作為家長，我們應隨時保持自省的態度，發現問題並加以調整，避免重蹈覆轍，讓孩子在更健康的環境中成長。

共創孩子的美好未來

孩子的成長旅程，是一條充滿未知與挑戰的道路，而父母則是這趟旅程中最重要的引路人。本書希望能夠幫助家長在子女教育的過程中找到適合的方法，提供科學的指引，並從中獲得成長與啟發。讓我們攜手並進，為孩子打造一個充滿愛與希望的未來！

第一章
理解孩子的世界

第一章　理解孩子的世界

孩子的基本需求

在孩子的成長過程中，父母需要關注他們的多樣需求，這些需求對他們的心理健康及未來發展有著深遠影響。以下是孩子最基本且重要的需求：

愛與安全感的需求

愛是孩子發展的基石。無條件的愛能給予孩子深厚的安全感，讓他們感受到被珍視與包容。這種愛能幫助孩子建立自信，讓他們勇敢面對世界的挑戰，並激發探索未知的勇氣。對孩子來說，無條件的愛不僅是物質上的照顧，更是情感上的支持與理解。

聆聽與理解的需求

隨著孩子的成長，他們的需求和想法變得更加複雜，特別是在青少年時期。他們不再僅僅依賴父母的愛，而是渴望被理解和尊重。父母若能耐心聆聽孩子的想法和感受，並給予充分的理解，將有助於他們在面對各種挑戰時保持穩定和自信。

獨立與自主的需求

孩子在成長過程中會經歷兩個重要的獨立發展期：兩歲和十二、十三歲。這些時期若遭遇阻礙，可能會影響孩子未來的心理發展。父母應該在這些關鍵時刻給予支持與鼓勵，幫助孩子建立自我認同，並學會

獨立做決定。這不僅有助於孩子的成長，也能讓他們學會應對生活中的各種挑戰。

成就感與自信的需求

孩子對成就的需求與獨立自主的需求密切相關。當孩子完成某些任務時，會感到自豪與滿足，這對他們建立自信與自尊心至關重要。父母可以透過給予孩子適當的挑戰與鼓勵，來滿足他們對成就的需求。讓孩子自己嘗試，並在過程中給予適當的支持，能夠幫助他們更好地建立自信。

休閒與遊戲的需求

遊戲和休閒活動對孩子的身心發展非常重要。當今社會中，許多孩子的休閒活動被視為達成某些目的的手段，這可能會對孩子的心理健康造成負面影響。父母應該給孩子足夠的時間去享受輕鬆的遊戲和休閒活動，這不僅能促進他們的身心發展，還能幫助他們建立同理心和社交能力。

了解孩子需求的重要性

孩子的需求是多層次且相互交織的，這些需求共同構建了孩子健康成長的基礎。父母應該在日常生活中關注孩子的情感需求，並給予他們充足的支持與空間來探索和發展。這不僅有助於孩子的心理健康，還能夠促進親子關係的深厚連結。

第一章　理解孩子的世界

聆聽孩子的情感需求

父母情感理解的關鍵

有個孩子，為了表達對媽媽的愛，精心縫製了椅墊，卻沒想到會遭遇媽媽的冷漠回應。媽媽專注於孩子的作業，忽略了孩子用心的付出，結果孩子的愛意轉變為失望與怨恨。這一事件凸顯了父母在孩子情感需求上的忽視，尤其是當父母過度關心孩子的學業表現時，可能無意中傷害了孩子的情感。如果父母能夠理解孩子的心情並適時給予鼓勵和欣賞，會讓孩子感受到他們的努力被看見和重視。

教育中的情感時機

教育專家指出，抓住教育的「時機」至關重要。當孩子為父母做事時，這不僅是技能的展現，更是表達情感的時刻。細心的父母會理解並欣賞孩子的努力，並真誠地表達感激。這不僅能促進孩子的情感發展，也能加強家庭成員間的情感連結。

父母影響孩子心理發展的方式

孩子的心理發展與父母的互動密切相關。當父母能夠理解並支持孩子的情感需求時，孩子在面對生活中的困難時會有更多勇氣和信心。然而，當父母忽視孩子的情感表達或孩子的努力，孩子可能會感到被忽略或被拒絕，這會影響孩子的心理健康，甚至使他們對父母產生疑惑和疏離。

父母如何改善對孩子的情感關注

父母應該更加關注孩子的情感和情緒需求，尊重他們的內心世界，尤其是在孩子表達愛與關心的過程中，提供正面的回應。這樣不僅能幫助孩子保持心理健康，還能促進親子之間更深的理解與連繫。

兒童情感教育的改進

理解孩子的情感需求並提供支持是父母教育中的關鍵。當孩子從小就能夠在父母的理解與關懷中成長，他們將學會如何建立健康的人際關係，並在未來的生活中展現出更多的同理心與關愛。

第一章　理解孩子的世界

深入了解孩子的心理世界

教育孩子之前,了解孩子的心理特點是至關重要的。尤其是當孩子表現出叛逆心理時,父母更應該根據情況進行引導,而不是採取強硬手段。

理解孩子的興趣和需求

例如,如果父母希望孩子學習繪畫,首先要了解孩子是否對這個領域有興趣,並根據孩子的興趣逐步引導,幫助孩子主動學習,而不是強迫孩子學習,這樣可能會讓孩子感到壓力,產生叛逆心理,反而不再對繪畫有興趣。

不要將成人思維強加於孩子

不少父母在教育孩子時,會將自己的思考方式強加於孩子,忽略了孩子年齡小、對世界的理解仍處於探索階段的事實。這樣的做法,往往適得其反,容易與孩子的需求產生衝突,讓教育變得更具挑戰性。

尊重孩子的世界觀

當孩子玩紙船時,可能只是一次單純的遊戲,但對他們來說,這不僅是玩具,可能是他們自己的小小冒險。父母若在這時隨意拆毀孩子的作品,可能會傷害孩子的情感。同樣地,當孩子和鄰居的孩子吵架時,他們的衝突可能是短暫的,而父母如果強行介入並要求孩子與對方保持距離,往往會忽視孩子的自我解決能力和情感需求。

孩子的情感需求與遊戲的重要性

孩子有自己獨特的心理需求，他們渴望被理解，並且希望能夠在遊戲中發揮創造力、探索世界。許多大人可能覺得孩子的行為無理或荒唐，但對孩子而言，這些行為對他們而言是寶貴的學習與探索過程。例如，孩子在玩泥巴、挖沙子、扮家家酒等活動中，不僅鍛鍊了手部靈巧，還促進了大腦創造性區域的發展。

尊重孩子的遊戲與學習方式

遊戲對孩子的成長至關重要，它幫助孩子建立情感、智力以及創造力。父母若對孩子的遊戲過度干涉，或試圖限制孩子的自由，可能會對孩子的心理造成負面影響。正確的做法是，當孩子的遊戲行為過於激烈或有危險時，父母可以引導他們注意安全與衛生，並鼓勵孩子轉向更有益的遊戲，而不是採取粗暴介入或強制行為。

給予孩子自由的空間

教育孩子最重要的部分之一就是理解他們的心理需求，尊重孩子的世界觀和成長方式。父母應該給予孩子足夠的自由，讓他們在遊戲中自由發展，這不僅能促進孩子的創造力，也能幫助他們建立正向的情感和社交能力。

第一章　理解孩子的世界

促進親子間的情感交流

孩子願意與父母聊天，這是對父母的信任，也是一份寶貴的情感連結。父母應該珍惜這樣的交流機會，並給予孩子充分的支持與關注。

傾聽孩子的心聲

當孩子向父母傾訴時，往往是因為在外界遇到不愉快的事情，想找一個信任的人來分享自己的情感。這時，父母不應該打斷孩子或表現出厭煩的情緒，因為這樣可能會傷害孩子的自尊心。孩子可能有兩個目的：一是宣洩情緒，恢復心理平衡；二是尋求解決問題的建議。對於孩子的情緒發洩，父母只需要耐心聆聽，給予情感上的支持；而對於需要建議的情況，父母則應根據自己的經驗，給予孩子適當的指導。

共同分享孩子的喜悅

當孩子在學業或其他活動中取得優秀的成績時，父母應該認真對待孩子的訴說，並與孩子一起慶祝這一成就。孩子希望分享成功的喜悅，父母的祝賀和認可能讓孩子感受到自己的努力沒有白費。若有可能，父母可以舉辦一個小型的家庭慶祝活動，讓孩子在這個特殊的時刻感受到家庭的溫暖與支持。

家庭作為孩子的避風港

　　家庭是孩子情感的庇護所，是他們安全和信任的港灣。當孩子回到家中，他們有權利在這個空間中進行情感調整，從而恢復體力和精力，準備迎接學業與生活中的挑戰。父母應該樂於聆聽孩子的心聲，並給予他們足夠的關注與支持，這不僅有助於孩子的心理健康，還能加強親子間的情感連繫。

第一章　理解孩子的世界

拉近與孩子的心理距離

青春期是孩子心理和生理變化最為劇烈的時期,這一階段,孩子的自我意識強烈增強,他們開始渴望獨立,並對父母與社會持有更多的挑戰性態度。此時的家庭衝突往往是無法避免的,父母需要更加敏感地理解孩子的變化。

代際衝突與成長的過程

青少年的代際衝突常常表現為與父母的強烈對立,這一現象源於他們對獨立的渴望和對父母的不滿。孩子在這一階段往往會以苛刻的眼光審視大人,並表現出挑戰的態度。然而,這種衝突並非完全負面,它是社會發展中的一個必要過程。父母若能理解並接納這一點,就能有效減少衝突,並促進孩子的健康成長。

父母的角色與家庭中的權威

隨著資訊化社會的發展,孩子對新知識的掌握越來越快,父母在某些領域可能會失去傳統的權威。這讓很多父母感到困惑,尤其是在10至20歲的孩子身上,這種挑戰性的行為更為明顯。父母應該意識到,孩子在這個階段的叛逆是正常的,並非對父母權威的全面否定,而是他們成長過程中不可或缺的一部分。

父母如何理解孩子的需求

面對青春期孩子的挑戰,父母應該保持冷靜,理性地看待孩子的行為,並努力了解其背後的原因。當孩子做出成人難以理解的行為時,父母不應急於指責或懲罰,而應該反思孩子行為的合理性,進而找到合適的溝通方式。這樣的理解是教育成功的關鍵,也是促進親子關係和諧的基石。

善於溝通是父母的關鍵能力

作為成熟的父母,理解孩子的思想與需求,並在必要時進行有效溝通,將大大促進家庭的和諧。當父母能夠理解孩子的內心世界並接納他們的變化,家庭成員之間的衝突將會減少,親子關係將變得更加穩固和和諧。

第一章　理解孩子的世界

孩子應該擁有自己的祕密

對許多父母來說，孩子擁有祕密往往引起擔憂，尤其是當孩子出現問題時，這些問題常常與某些隱藏的祕密有關。這使得父母和教師普遍希望孩子是「透明」的，不存在任何祕密。

祕密與成長的關聯

然而，研究顯示，近30%的孩子的日記和信件曾被父母偷看過，甚至有父母認為這是理所當然的：「我們是你的父母，看你的日記和信件怎麼了？」但現代的青少年，擁有強烈的權利意識，對父母侵犯隱私的行為往往感到極大的不滿，有的孩子甚至會表示：我知道父母很愛我，但他們愛到讓我想死，因為我一點隱私都沒有。

這樣的矛盾提醒我們，是否應該允許孩子擁有自己的祕密成為了一個值得討論的問題。那麼，擁有祕密對孩子的成長究竟是有益還是有害呢？

祕密是成長的一部分

擁有個人祕密並能恰當處理，是孩子走向獨立的重要步驟。對每個人來說，祕密常常與責任相連，並且需要自己承擔責任。從這個角度來看，若孩子沒有隱私，永遠無法完全成長。真正有遠見的父母和教師應該給孩子一定的空間，讓他們擁有屬於自己的祕密。

如何指導孩子面對危險的祕密

然而，由於孩子大多處於未成年階段，面對一些具有潛在風險的祕密時，他們往往缺乏足夠的經驗來處理，這可能會導致問題甚至災難。因此，父母和教師應該從孩子小時候就開始教育他們，讓孩子明白在面對不安全或複雜情況時，應該及時尋求父母或教師的幫助。這不僅是對孩子安全的保護，也有助於孩子培養解決問題的能力。

尊重彼此的隱私與祕密

父母和孩子之間應該相互尊重彼此的隱私，並將這種尊重視為對人格尊嚴的基本體現。尤其是父母應該尊重孩子的隱私，不偷看孩子的日記和信件，也不該偷聽他們的電話或強迫孩子透露他們不想公開的事情。當然，父母作為監護人，仍有責任監督和保護孩子，但這一切應建立在相互尊重的基礎上。父母的魅力在於能夠引導孩子，讓他們學會獨立面對和處理自己的祕密。

給予孩子自由，祕密成為成長的催化劑

只要父母遵循這些基本原則，孩子的祕密將會成為他們成長過程中的催化劑。回想一下，誰的成長歷程中沒有祕密的滋養？關鍵在於如何正確引導孩子對待這些祕密，使其成為他們自我探索和成長的一部分。

第一章　理解孩子的世界

第二章
成為稱職的父母

第二章 成為稱職的父母

父母應該提高自身素養

教育家蘇霍姆林斯基曾指出,養育和造就人的工作是最複雜且崇高的,不僅對所有人來說是一樣的,對每個家庭來說卻又是獨特的。他認為,「沒有研究過教育學基礎知識的青年公民不應該有成立家庭的權利。」這一觀點提醒我們,父母在孩子成長過程中的角色至關重要,父母的素養會直接影響孩子的成長。

父母作為孩子的榜樣

父母應該成為孩子的榜樣,只有當父母自身不斷完善自己,才能更好地塑造孩子的品格與心靈。父母不僅是孩子身體健康的撫育者,也是品格、智慧和心靈的塑造者。家庭教育的品質直接關聯到父母的內在素養和教育方法。

父母素養的重要性

現代社會要求每個職業都有專業的培訓和考核,而做父母卻不需要任何專業培訓,這造成了父母對教育孩子缺乏基本的知識和準備。正如英國社會學家史賓賽所言,懂得如何教導孩子體育、智育和德育的正確方法,對父母和子女的影響極為深遠。家庭教育不在於父母管教孩子的時間長短,而是是否能夠使用科學的方法來教育孩子。

父母的教育觀念與方法

調查發現,許多父母對孩子教育的觀念存在偏差,尤其忽視了品德

發展、人格培養和社會責任感等社會性教育。父母對孩子的關注大多集中在學業成績上，而對道德、個性和社會交往能力的重視程度較低。在教育方法上，部分父母仍然依賴指責和懲罰來處理孩子的錯誤，這不利於孩子的全面發展。

父母心理素養的重要性

父母的心理健康對孩子的心理健康有很大的影響。在當今變化迅速的社會環境中，許多父母無法有效調節自己的情緒和行為，這些不良情緒有時會轉化為對孩子的非理性要求或缺乏溝通，進一步加深代際間的距離。父母應該學會與孩子進行積極的溝通，尊重孩子的情感和需求，這樣才能建立更加健康的親子關係。

文化知識的傳遞

父母的文化知識和生活經歷對孩子的成長影響深遠。知識的傳遞並不一定只透過工作或專業領域，它還包括父母的價值觀、教育方式以及他們對社會的理解。正如諾貝爾獎得主保羅・埃爾利希和亨利・貝克勒，他們的成就部分來自於家庭知識的累積和傳承，這些知識為他們的成功提供了基礎。

知識的優勢與子女的成材

有學識和高文化素養的父母，通常對孩子有較高的知識要求。知識不僅能在父母與子女之間轉移，也能幫助孩子在更廣泛的社會中建立優勢。父母的文化水準不僅表現在自身的學識上，也會影響孩子的社會關係和知識累積。這種優勢為孩子的成長和未來的成材創造了良好的條件。

第二章　成為稱職的父母

如何在孩子心中樹立父母的威信

父母如何在孩子心中建立威信，是每位父母都在思考的問題。很多父母希望透過金錢或威脅來樹立自己的威信，但這樣的做法往往適得其反。真正有效的威信應該建立在愛與尊重之上，而非權威的壓迫。

威信的建立方式

有些父母試圖用壓制來樹立威信，這種做法將威信和威嚴混淆，常常透過打罵和責備來控制孩子。另一種方式是過度嬌寵，這些父母對孩子百依百順，企圖以物質滿足來換取孩子的服從，但這樣不僅無法真正建立威信，反而可能讓孩子形成依賴心態。此外，還有一些父母選擇透過收買或說教來建立權威，這些方法可能在短期內看似有效，但對孩子的長期發展卻沒有正面作用。

父母作為榜樣的重要性

要成為一位有威信的父母，首先必須透過以身作則來樹立榜樣。孩子最容易模仿的就是父母的言行，當父母言行一致，並且積極地表達自己的價值觀時，孩子自然會學會如何待人接物。父母的行為會潛移默化地影響孩子的價值觀，孩子在模仿過程中學會尊重他人、遵守規範，這才是建立父母威信的根本。

用愛與尊重來建立信任

每個孩子都需要愛，而愛的表達不僅僅是言語的表達，更在於父母

在日常生活中對孩子的關心和陪伴。父母應該給予孩子足夠的愛與關懷，並尊重孩子的個性與選擇。當孩子感受到父母的尊重和愛時，他們會對父母產生自然的敬重與信任，這種愛是建立威信的基石。

教育中的道德規範與健康習慣

父母應該為孩子提供清晰的道德規範，讓孩子明白自己應該如何做人。同時，父母應該培養孩子的良好習慣，包括健康的生活方式、學習習慣等。良好的習慣是孩子成長的重要基礎，而父母自身的行為對孩子的影響至關重要。

與孩子建立良好的關係

父母應該花時間與孩子相處，無論是吃飯時、週末還是節假日，都應該與孩子共享這些時光。這不僅能增進親子之間的感情，還能幫助孩子在快樂的氛圍中學習和成長。與孩子保持良好的溝通，能夠讓父母了解孩子的內心世界，並在孩子遇到困難時，提供適時的指導和支持。

鼓勵孩子的自立與學習動力

父母在培養孩子學習動力的同時，要避免施加過大的壓力。應該給孩子一定的空間來發展自己的興趣和特長，並鼓勵孩子獨立思考，勇於探索。在這個過程中，孩子會學會自我約束和責任心，這是父母能夠給予孩子最寶貴的教育。

孩子的同齡人關係

從孩子兩歲開始，他們就需要與同齡的玩伴進行交流與合作。這不

第二章　成為稱職的父母

僅有助於孩子學會合作、妥協和同理，還能幫助孩子發展新技能和興趣。父母應該鼓勵孩子與同齡人交往，並在其中給予適當的指導，這樣孩子在與夥伴的互動中學會了更多的社會技能和責任感。

當心！孩子可能對你產生反感

在傳統美德中，「嚴於律己，寬以待人」是值得尊崇的準則，但當今很多父母恰恰背道而馳，往往對孩子要求嚴苛，而對自己卻放寬要求。他們將所有的希望和夢想轉嫁到孩子身上，期待孩子考高分、進名校、出國留學，甚至還要學會一堆技能，但自己卻以年齡大了等理由放任自己，不再進修，不再努力工作，生活變得馬馬虎虎，毫無進取心。

父母的榜樣作用

這樣的矛盾首先會引發一個根本問題：作為父母，你到底為孩子樹立了什麼榜樣？你有什麼資格要求孩子做到這些？如果父母無法為孩子提供良好的榜樣，那麼他們的要求往往就會顯得不真誠，並且可能讓孩子對父母產生反感。父母應該反思自己，是否能做到自律並以身作則，只有這樣，才能真正影響孩子，讓孩子感受到父母的要求是有理有據的。

對孩子的過高要求

很多父母對孩子的要求過高，尤其在孩子未達到自己期望時，可能會採取過於苛刻的處罰方式。孩子稍有犯錯，成績稍有下降，就會受到責罵、打罵，甚至體罰。然而，這樣的做法不僅無助於孩子的成長，反而會讓孩子對父母產生恐懼和反感，最終影響親子關係。這種過高的期望和不合理的要求可能讓孩子感到壓力過大，失去自信，甚至產生叛逆心理。

第二章　成為稱職的父母

父母要成為自己的榜樣

父母應該意識到，對孩子的要求應該建立在自我榜樣的基礎上，而不是一味的強迫。父母應該以積極進取的態度對待生活，努力提升自己，為孩子創造一個充滿正能量的成長環境。當父母自己能夠做到言行一致，成為正面的榜樣時，孩子才會真正尊重父母的要求，並且願意朝著這些目標努力。

竇燕山的痛改前非與教育成就

　　竇燕山,原名竇禹鈞,五代後晉時期的著名人物,生活在今天的天津薊縣。他出身於富裕家庭,曾是當地有名的富戶。然而,他年輕時品行不端,為人以勢壓人,對貧苦人家不仁不義。這樣的行為讓他到了三十歲仍無子女,為此感到焦慮。直到有一天,竇燕山在夢中得到了已故父親的指點,才決心改過自新,重新做人。

痛改前非的決心與行為

　　夢中,竇燕山的父親告訴他,由於心術不正、行事缺德,導致他生活困難,甚至可能短命。父親的話讓他深感警醒,決心改變自己的人生。他開始積極行善,痛改前非。他在一次無意中撿到一袋銀子後,堅持等失主返回,並如數歸還。此後,竇燕山還開設私塾,免費收留貧困家庭的孩子,並且不收學費。他的行為改變了周圍人的看法,從此廣受讚譽。

培養五子成材的教育理念

　　竇燕山的心態發生轉變後,他將自己所有的精力投入到教育兒子上。他不僅關注兒子的身體健康,還非常注重他們的品德修養與學業發展。在竇燕山的努力下,五個兒子都成為了有用之才,先後進士及第,並在仕途上有了顯赫的成就。長子成為翰林學士,次子、三子、四子和五子也都在不同職位上有所成就,並受到當時人們的高度評價。

第二章　成為稱職的父母

社會讚譽與後人詠讚

　　竇燕山的教育成就使他在當時名聲大噪。有人寫詩歌頌他：「燕山竇十郎，教子有義方。」詩中提到的「丹桂五枝芳」便是對他五子登科的高度讚揚，這也象徵著竇燕山的教育理念和育人方式得到了社會的認可與尊重。

老師的愛哪裡不同？

愛學生是老師的天職，而愛孩子則是母親的天性。這兩種愛有何不同？雖然它們都源於深厚的情感，但表達的方式和效果往往有所區別。

學校中的愛與家庭中的愛

在學校，老師的愛是平等的，面向整個班級的每一位孩子。老師把愛分給每一個學生，並且根據每個孩子的特點和需求給予不同的關懷。而在家裡，孩子通常是家庭的中心，尤其在獨生子女的家庭中，媽媽將所有的愛給予自己的孩子，這使得家庭中的愛更多是偏向個人化和專屬的。

一致性與靈活性的區別

老師對孩子的要求通常更具一致性和規範性，無論孩子的情緒如何波動，老師都會堅持自己的教育原則，並根據情況靈活調整策略。相對而言，媽媽的要求則常常會根據孩子的心情變化而有所調整，媽媽在面對孩子的需求時，往往會選擇妥協和遷就。

在日常生活中的愛的表現

例如，當孩子不吃飯時，老師會引導孩子理解不吃飯的後果，鼓勵孩子自己解決問題，並在需要時提供適當的建議。相反，媽媽則可能會一邊哄一邊餵，甚至會恐嚇或強迫孩子吃飯，因為母親總是擔心孩子吃

不夠，會覺得自己沒有做到足夠的照顧。

在分享方面，老師會要求孩子們學會共同分享，而媽媽則往往希望孩子獨享所有的好東西。這種差異源於父母對孩子的無私愛，而老師則強調集體和共同體意識。

促進孩子自立的方式

當孩子能做的事情不做時，老師會講解道理給孩子聽，讓孩子自己動手解決，讓他們從中獲得學習的經驗。這樣的方式有助於孩子培養獨立性。媽媽則常常會代勞，擔心孩子會累著或者處理不當，這樣雖然能快速解決問題，但卻不利於孩子學會獨立。

面對困難時的不同反應

當孩子摔倒時，老師會鼓勵孩子自己站起來，幫助孩子分析摔倒的原因，從而讓孩子從中學到經驗。媽媽則通常會立刻跑過去扶起孩子，並責怪摔倒的原因，這是出於對孩子的愛與保護，但同時也可能會限制孩子從困難中學到寶貴的經驗。

處理孩子的情緒時

當孩子無理取鬧時，老師會耐心地與孩子溝通，幫助他理解自己的行為不應該這樣做，而媽媽則常常會用哄騙或者滿足孩子的需求來平息情緒，這樣做雖然能立即讓孩子安靜下來，但也可能讓孩子養成依賴的習慣。

創建學習型家庭的關鍵因素

　　21世紀的社會將是全球一體化的時代，資訊技術的時代，知識經濟的時代，可持續發展的時代，更是一個終身學習的時代。隨著人類文明的進步，教育成為了人類生存命運的重要前提，而學習則是每個人最基本的生存能力。在今天，學習功能在家庭中的重要性，從未像今天這樣受到如此多的關注。

學習型家庭的定義

　　家庭作為學習型家庭的首要機構，已經成為21世紀家庭的主要特徵。學習型家庭是一個致力於終身學習的家庭結構，並且學習成為家庭運作中的核心要素。從「學習型組織」的理念出發，學習型家庭是其中最基本的一個單位，具備了以下基本特徵：

❖ **終身學習的理念**

　　每個家庭成員都應該確立終身學習的理念，擁有自主學習的動機。在個人和家庭生命週期的各個階段，學習成為了生活中不可或缺的一部分。只有不斷學習，人才能在現代社會中獲得發展的空間。

❖ **平等與尊重的人際關係**

　　學習型家庭的基礎是平等、民主和相互尊重的關係。家庭成員無論是夫妻之間還是親子之間，都應相互支持、關心，並共同營造一個充滿愛與學習氛圍的家庭環境，這樣可以實現共同成長。

第二章　成為稱職的父母

❖ 溝通的力量

家庭中的溝通是理解與相互支持的關鍵。父母與孩子之間的平等對話可以幫助打破代溝，促進雙向互動。在這樣的互動中，學習和分享成為重要的溝通管道，促使家庭內部的每個人都能在相互理解的基礎上進行學習和成長。

❖ 共同分享的價值觀

學習型家庭強調共同分享的理念。家庭成員之間應當共享成果和利益，在生活中共同承擔責任。這種共享理念不僅限於家庭內部，還應該延伸到社會中，家庭作為社會的基本單位，同時承擔社會義務並分享社會的權益。

❖ 理智解決家庭矛盾

每個家庭在生命週期中都會遇到不同的矛盾和挑戰。學習型家庭注重學會理智地處理這些矛盾，從而確保家庭環境的和諧與快樂。透過學習，家庭成員能夠在問題出現時，理性應對並尋求解決方法。

❖ 重視智慧的學習

學習型家庭不僅重視知識的學習，更注重智慧的培養。在書本中學習固然重要，但生活中的學習、實踐中的學習以及社會中的學習同樣具有重要價值。學習型家庭鼓勵每位成員不僅擁有適應社會的能力，還具備解決實際問題的能力。

❖ 提高家庭投入

學習型家庭需要增加對家庭學習的時間和物質投入。這不僅包括時間上的安排，還包括適當的學習硬體設備的投入。隨著物質生活的逐步改善，家庭學習的硬體和軟體必須同步發展，這樣才能促使家庭學習達到理想的效果。

現代學習觀念的轉變

在過去，人的一生被分為學習和工作兩個階段，但今天的社會觀念已發生變化。隨著知識更新速度的加快，學習成為了終身的課題。在現代經濟中，工作和學習變得不可分割，每個父母不僅要學會工作，還要持續學習，以應對不斷變化的社會需求。

父母作為學習主體

在學習型家庭中，父母不僅要帶頭學習，還要與孩子一起學習，共同成長。特別是在網路時代，父母和孩子處於相同的起跑線，父母失去了「知識權威」的優勢，因此必須繼續學習，並與孩子一起進步。

多元化的學習內容

每個學習型家庭的學習內容都是根據家庭成員的需求而有所不同。不同年齡、不同職業的家庭成員對學習的需求和目標各不相同，因此學習的內容不應該追求統一性，反而應該根據每位成員的需求和興趣進行個性化學習。

第二章　成為稱職的父母

學習型家庭的目標

　　學習型家庭的目標是提高每位成員的自身素養，使其適應社會發展。這不僅是社會需求的反映，也是每個家庭成員自我完善、提高生活品格的需求。從文化教育到科技新知，從藝術素養到健康保健，學習型家庭的學習涵蓋了多方面的內容。

隨著時間變化的學習需求

　　每個家庭在不同的生命週期中，學習需求會有所不同。無論是家庭創始期、子女教育期，還是空巢期和退休期，家庭成員的學習需求都在不斷變化，學習內容也會根據家庭成員的需求進行調整。

學習型家庭的開放式學習方式

　　學習型家庭不再只是傳統的「書香門第」，而是一種開放式學習的模式。學習不僅僅是從書本中獲得知識，更是從生活、社會、科技和自然中學習，並運用這些學到的知識來解決實際問題。

第三章
培養孩子健康成長

第三章　培養孩子健康成長

現代孩子普遍缺乏的營養素

現代人面臨的營養不足問題通常並不顯示出明顯的缺乏症狀，這就是所謂的輕中度營養不足。這種情況下，身體內的營養素不足以支持正常的生理功能，卻往往被忽視。兒童的營養缺乏主要表現在以下幾個方面：

鐵的不足

目前，許多孩子缺鐵的情況並不表現為明顯的臉色發青，而是透過驗血發現血紅素偏低。缺鐵會影響兒童的智力發展，常見的症狀包括注意力不集中、記憶力下降等。這些孩子可能努力學習，但學業成績卻不理想。家長往往會將其歸咎於孩子不夠努力，但卻忽視了缺鐵的問題。為了解決這一問題，應當補充容易被身體吸收的鐵質，這對孩子的學習和發育至關重要。

鈣的不足

營養調查顯示，現代人，尤其是兒童的鈣攝取量普遍低於建議的日攝取量。兒童每天大約需要 800～1,000 毫克的鈣質，但大部分從飲食中獲得的鈣量卻只有 400～500 毫克。儘管專家建議以喝奶來補充鈣質，每杯牛奶大約能提供 200 毫克鈣，然而孩子還需要從其他食物中補充額外的 200～300 毫克鈣質，這樣有助於孩子的全面發育，尤其是身高的成長。

現代孩子普遍缺乏的營養素

維生素的不足

維生素是現代飲食中最容易在烹調和加工過程中流失的營養素，速食和加工食品中的維生素更是微乎其微。許多孩子常表現出疲憊、懶於活動的情況，其中相當一部分原因來自於身體缺乏某些維生素。例如，學齡前兒童和中小學生的維生素 B1 攝取量只占推薦攝取量的 60％ 左右，尤其在鄉下地區，這一情況更為嚴重。因此，補充維生素是非常必要的。

孩子營養缺乏的補充策略

孩子的營養缺乏問題常常不容易被發現，但其對孩子的發育、學習及健康會造成長期影響。家長需要關注孩子營養的均衡，補充必要的營養素，特別是鐵、鈣和維生素，以促進孩子的全面發展。

第三章　培養孩子健康成長

促進孩子大腦發育的關鍵要素

人類的腦發育與其他動物的最大區別之一，就是在出生時，嬰兒的腦部容量已經接近成人的比例。這一發育過程直至 20 歲左右才達到成人水準。大腦的發育主要依賴神經細胞的數量增加以及神經膠質細胞的增多，並且髓鞘的質化和神經元突觸的成長對大腦的發育有著至關重要的作用。

為了促進孩子的大腦發育，首先需要保證充足的營養，包括蛋白質、維生素、礦物質等。特別是在孩子的成長過程中，營養對大腦的發展至關重要。其次，環境刺激同樣有關鍵作用，特別是從零至六歲，這一時期的心理發展對大腦的塑造有著極大的影響。

關注大腦發育的關鍵時期

大腦發育有著加速度和敏感期。在這些時期，提供適當的環境和刺激，可以幫助孩子發揮潛能。學習、思維能力的提高與環境的適應能力有著密切的關係。在這些時期中，父母和教師的引導與支持是至關重要的。

健腦食物對大腦發育的作用

提供合適的健腦食物，是促進大腦發育的關鍵之一。母乳、動物內臟、魚類、豆類、硬殼類食物等，都是有助於孩子智力發展的食物。在食物的選擇上，父母應根據孩子的年齡和消化能力選擇合適的食物，並且保持食物的多樣化和均衡，這樣才能更好地促進孩子大腦的發育。

充足的環境刺激與活動

除了營養，孩子的腦發育也需要豐富的心理和環境刺激。大動作和精細動作的訓練、語言能力的發展、社會交往等各方面的訓練都有助於大腦的發育。父母應該替孩子創造多樣化的活動機會，並且提供適當的引導，這樣有助於孩子在各個領域的全面發展。

第三章　培養孩子健康成長

讓孩子感受愛與溫暖的家

孩子的快樂和「家」是緊密相連的。當他們牽著父母的手回到家中，看到熟悉的環境，一切都顯得親切和安全：家裡的玩具、毛絨玩具熊、五彩積木，這些對孩子來說是最愛的。家，對孩子而言，是最溫暖、最可靠的地方。

孩子在溫馨的家中度過快樂的時光，學習、放鬆、成長。作為父母，我們理應為孩子創造這樣一個溫馨的家園。

蘭蘭是一個開朗的女孩，但最近她在學校變得沉默寡言，情緒波動很大。每次父母稍微來晚接她時，她會焦急地哭泣。原來，蘭蘭的父母最近經常爭吵，甚至當著她的面發生激烈衝突，這對她的心靈帶來了陰影。

因此，在孩子的成長過程中，父母之間的和諧關係對孩子的心理發展至關重要。父母的愛讓孩子感受到關懷，學會如何愛與被愛，並且學習人際關係的相處之道。家庭的和諧是孩子健康快樂成長的重要條件。

美國有一項有趣的調查發現，夫妻之間每週的平均對話時間只有27分鐘。孩子的到來讓夫妻關係的重心發生了變化，生活變得更忙碌，但無論如何，父母還是應該擠出時間彼此交流。

適當的放鬆和享受夫妻之間的二人世界是很重要的。年輕的父母不必為此感到內疚，週末可以請家人照看孩子，享受輕鬆的時光。這不僅能增進夫妻感情，也能以充沛的精力繼續照顧孩子。

孩子的到來，無論是作為夫妻關係的「潤滑劑」，還是爭執的「導火

線」，都需要父母調適心態，共同承擔養育責任，享受家庭中的天倫之樂。陪伴孩子成長的過程是無價的，應該充分享受每一刻。

心理學研究證實，父親在孩子的成長中扮演著獨特的角色。與母親的交往方式不同，父親的遊戲通常富有冒險、力量和創造性，而母親則偏向於安撫和照顧。缺乏父愛的孩子可能會表現出害羞、膽怯、自卑等情緒，因此父親應該更多參與孩子的日常生活，給予他們鼓勵和支持。

例如，父親可以試著與孩子一起玩遊戲，講述自己童年的故事，並經常和孩子一起度過時光。這些小小的舉動將大大促進父子之間的情感連繫。

家庭中的三代同堂，有時會引發代際間的矛盾。年輕父母可能抱怨長輩的育兒方式過時，而長輩則認為年輕父母缺乏責任感。要解決這些問題，最重要的是促進代際間的溝通與理解。尊重和孝敬長輩，讓孩子從小學會尊重他人，是對家庭和諧至關重要的一步。這樣的家庭環境不僅能夠促進孩子的身心健康，還能為他們的成長提供充足的情感支持和教育保障。

第三章　培養孩子健康成長

創造童話般的成長環境

孩子的成長過程，充滿了無數的「奇蹟」。隨著他們不斷發展，理解力和語言能力逐漸增強。許多父母關注改善孩子的物質環境，但往往忽視了為孩子營造一個適宜的精神環境，錯過了孩子成長中最具色彩的「童話」時期。

運用童話來進行早期教育，是一種行之有效的家庭教育方式。童話以兒童的語言和想像力創造的情境來反映生活，這種形式對孩子來說既有趣又具有啟發性。童話不僅能提升孩子的智力，還能幫助他們理解和參與周圍的世界。隨著孩子逐步從童話世界走向現實世界，這一過程的基礎將直接影響他們後來的素養。

許多父母為孩子創造小房間，並在這片屬於孩子的空間裡精心布置。壁上掛上動物圖畫，擺放動植物工藝品，選擇色彩豐富、活潑的小巧家具。這些設計能讓孩子的心理感受到自然界的愉快與明亮，並在其中展現出童話般的氛圍。

有些父母願意在孩子食物上花大錢，但對教育性玩具卻不重視。其實，簡單的玩具能有效激發孩子的想像力，並活躍他們的思維。父母應根據孩子的年齡，循序漸進地選擇玩具，並在遊戲中誘導和啟發孩子的思維能力。

當孩子三歲開始，語言能力和智力也在同步發展。這時，經常講童話故事不僅能促進語言能力的發展，還能幫助孩子建立對世界的了解。童話故事的形象生動且富有趣味，孩子容易理解並記住這些內容。父母可以引導孩子描述動物的外貌、行為和心情，從而激發孩子的探索精神

和對大自然的興趣。

父母應該購買適合孩子年齡的童話書籍，並進行必要的解釋和引導，幫助孩子吸收故事內容。多聽童話故事也能提高孩子的聽力和想像力，讓他們在美妙的語言中展開無限的想像。觀看動畫片也有助於孩子學會分辨是非，理解生活中的真善美。

此外，帶孩子去戶外活動，觀察動物，欣賞大自然的美景，也有助於孩子的心理和情感發展。透過這些活動，孩子能更好地理解生活，培養意志和道德觀。

長期浸泡在「童話氛圍」中的孩子，無論是感知能力、理解能力，還是表達能力、想像力，都將超越大部分同齡孩子。因此，父母應該積極創造適合孩子成長的「童話環境」，並透過日常生活中的小事來啟發和培養孩子的智力和心理素養。讓童話成為孩子世界的橋梁，幫助他們一步步成長。

第三章 培養孩子健康成長

灌溉孩子的成長

在現代家庭中，孩子的需求可以分為物質需求與精神需求。物質需求，像是衣食住行以及學習用品，通常能夠較容易滿足，尤其是在當今物質條件比較優越的社會中。許多家庭，尤其是獨生子女家庭，對孩子的物質需求通常沒有太大的問題。然而，孩子的精神需求，特別是來自父母的愛，卻常常被忽視或未被充分重視。

心理學家指出，孩子在成長過程中最大的需求並非物質上的，而是來自父母的愛。父母的愛對孩子的發展發揮至關重要的作用。它能夠激發孩子的正面情感，幫助他們建立自信心，並為他們的健康成長提供所需的精神支持。事實上，父母的愛對孩子的影響深遠，這種愛的力量不僅能塑造孩子的品德，還能促進他們的智力發展與身心健康。

首先，孩子的品德發展與父母的愛有著密切的連繫。當孩子感受到父母的真愛時，他們往往會產生正向的情感，這些情感會反映在孩子的行為舉止上，成為他們道德感的基礎。愛的力量能夠促使孩子形成正確的價值觀，並且激發他們為實現這些價值而付出努力。一位學生曾在作文中這樣寫道：「當我在雨中等待，而媽媽冒雨送來便當和雨傘時，我的心中充滿了溫暖。我決定要努力學習，成為一個對社會有貢獻的人。」這個故事充分表現了父母的愛如何成為孩子追求道德與理想的動力泉源。

其次，父母的愛對孩子的智力發展也有著重要的促進作用。研究表明，情感對孩子的學習狀態有著顯著的影響。當孩子在家中生活在愛的氛圍中時，他們通常會處於愉快的情緒中，這樣的情緒能幫助他們提高學習效率，增強專注力。相反，如果家庭中充滿爭吵和冷漠，孩子的情

緒會受到負面影響，這將會影響到他們的學習狀態。特別是當孩子面對學業壓力時，父母的愛和支持能夠幫助孩子穩定情緒，集中精力，進一步提高學習效率。

再者，父母的愛對孩子的身體健康也有著極其重要的作用。孩子在成長過程中會經歷各種情緒波動，當孩子感受到壓力或困難時，父母的愛能夠成為他們的情感支柱。正如古籍《內經》所說：「怒傷肝，喜傷心，思傷脾，憂傷腎。」這些情感對孩子的身體健康有不良影響。反之，正向的情感能幫助孩子保持身體的健康。心理學家也曾指出，樂觀的情緒不僅能促使孩子健康成長，還能在面對挑戰時提升他們的抵抗力。因此，父母應該努力創造一個愛的環境，讓孩子在這樣的氛圍中茁壯成長。

另一個重要功能是，父母的愛能夠激發孩子對目標的追求。當孩子感受到父母的愛，他們會更加願意追求自我成長和學習，並且為未來設立更高的目標。在這個過程中，愛成為了孩子克服困難、迎接挑戰的原動力。愛使孩子敢於夢想，並且為實現這些夢想而不斷努力，這不僅是對孩子智力的培養，也是對他們情感和品德的熏陶。

然而，並非所有的父母都能夠充分表達自己的愛。很多時候，父母在繁忙的工作中忽視了與孩子的情感連繫，或者在孩子面前表現出冷漠和疏遠。這樣的行為可能讓孩子感到被忽視，甚至會對孩子的心理發展產生不良影響。因此，父母要學會在日常生活中表達愛，這種表達不僅僅是物質上的滿足，更重要的是情感上的關心和理解。

父母的愛，透過一個微笑、一個擁抱、一句鼓勵的話語，能夠瞬間改變孩子的心情，幫助他們從困境中走出來。愛的力量是無限的，這份愛可以促使孩子健康快樂地成長，並且成為對社會有貢獻的有用之才。

整體來說，父母的愛是孩子成長過程中最為關鍵的因素之一。這份

第三章　培養孩子健康成長

愛不僅影響孩子的品德、智力發展，還能促進孩子的身體健康和情感成熟。父母應該關注孩子的精神需求，尊重他們的情感，並且用真摯的愛滋潤孩子的心靈。這樣，孩子將能夠在愛的氛圍中茁壯成長，迎接人生的各種挑戰。

盲目愛護可能成為對孩子成長的障礙

盲目愛護可能成為對孩子成長的障礙

在家庭日常生活中，孩子的身心健康會受到多方面影響，其中飲食、睡眠、衣著等細節都在無形中塑造著孩子的成長過程。雖然父母的愛是無微不至的，但有時候過度的愛護和不當的教育方式，反而可能成為孩子成長的阻礙。父母出於對孩子的愛，往往會做出一些不理智的決定，這些行為有時並不符合孩子身心發展的需求，甚至可能對孩子的獨立性和人格發展造成長期的不良影響。

首先，「愛」出來的肥胖是現代家庭中常見的一個問題。許多父母為了表達愛意，經常提供過多的零食、油脂和高熱量的食物給孩子，卻忽視了健康飲食的基本原則。這樣的飲食習慣容易導致兒童過度肥胖，並引發高血壓、心臟病等成人病。更重要的是，這些孩子通常承受著來自家長的過高期望和壓力，心理負擔過重，影響他們的身心健康。父母需要負起責任來，為孩子提供更合理的膳食結構，讓孩子在充滿愛的環境中健康成長。

其次，「睡」出來的情感依賴問題同樣值得注意。許多家庭中的孩子長期與父母同床，尤其是母親。這樣的做法一方面滿足了孩子的情感需求，但長期下來，孩子可能會對獨立睡眠產生恐懼，進而影響其心理發展。這種過度依賴父母的情感陪伴，被心理學家稱為「分離焦慮」，會妨礙孩子的自我成長，並可能影響其未來在婚姻和人際關係中的獨立性和健康性格發展。因此，父母應該逐步引導孩子獨立入睡，培養他們的獨立性。

在孩子的穿著選擇上，許多父母往往過分關注外觀和流行，忽略了

第三章　培養孩子健康成長

孩子的舒適與健康。選擇合適的衣物應該優先考慮孩子的活動需求和舒適感，而不是盲目追求時尚和華麗的外表。許多父母希望自己的孩子穿得漂漂亮亮，但可能因此選擇了不合適的材料或款式，這些不當的選擇可能會對孩子的皮膚造成過敏，甚至影響孩子的自我認同和審美發展。因此，父母在幫孩子選擇衣物時，應該平衡實用性與美觀性，並尊重孩子的個人喜好。

此外，「護」出來的過度保護同樣是許多父母常犯的錯。過度呵護孩子，幫助他們處理所有問題，甚至在孩子已經能夠自主解決的情況下，仍然過度介入，這會導致孩子缺乏自信和解決問題的能力。當孩子遇到挑戰時，應該給予他們機會去嘗試、去學習，這不僅能增強他們的應對能力，還能幫助他們發展獨立性和責任感。父母的過度保護，雖然是出於愛，但往往會導致孩子的退化，對孩子的成長不利。

最後，父母應該學會反思自己的愛，避免在不知不覺中造成孩子的依賴和困惑。很多時候，父母過度的愛護可能會讓孩子感覺到愛是理所當然的，這會妨礙孩子自立自強的心理發展。相反，父母應該以身作則，為孩子提供適當的自由和支持，幫助孩子從小學會自我管理和解決問題的能力。這樣的愛才是真正的成長愛，能夠引導孩子走向獨立、健康的生活。

父母應該以理性和科學的方式來教育孩子，避免溺愛和過度保護，提供一個既充滿愛又能促進自我發展的成長環境給孩子。每個父母都應該學會從自己對孩子的愛出發，避免讓這份愛變成對孩子成長的障礙。

培養孩子有益的健康習慣

赤腳訓練：促進孩子身心發展

許多父母可能會注意到，孩子通常不喜歡穿鞋，這看似是一個小問題，但從健康的角度來看，讓孩子經常赤腳活動，對他們的身心發展有著顯著的益處。事實上，在日本，已有超過200所學校將赤腳訓練納入正式課程，其中著名的愛知大學附屬幼稚園，甚至投資了600萬日元在院內鋪設紅土，為孩子們提供赤腳在泥土中玩耍的機會。

赤腳行走有助於促進孩子腳部的血液循環與新陳代謝，進而提高大腦思維的靈敏度和記憶力。赤腳與大自然直接接觸，有助於提高機體抵抗力，預防一些常見的疾病，如感冒與腹瀉。此外，赤腳走路能夠強化踝關節的柔韌性，預防扁平足等問題，對孩子的體格發育與運動能力具有重要的幫助。

愛運動：培養健康生活習慣

蘇聯教育家馬卡連柯曾經說過，「家庭應該用盡各種方法，鼓勵兒童對運動的興趣。」運動對於孩子的身心發展至關重要，不僅能促進身體健康，還能提高孩子的反應速度、動作協調性以及思維能力。然而，一些孩子不愛運動，這可能是由於缺乏興趣或受到父母的不良影響。

父母應該鼓勵孩子多參與各類運動，幫助孩子養成健康的運動習慣。運動不僅能使孩子的體力得到增強，還能提高學習效率，特別是當孩子面臨繁重的學業壓力時，運動能幫助他們消除疲勞，保持精力充

第三章 培養孩子健康成長

沛。父母應避免將運動與學習對立起來，應該讓孩子明白運動對學業的正面影響。最好的方式是父母以身作則，與孩子一同參加運動，這不僅有助於促進親子關係，還能讓孩子感受到運動的樂趣與益處。

　　無論是赤腳訓練還是愛運動，這些健康習慣對孩子的身心發展有著不可或缺的影響。父母應該以身作則，從小培養孩子正確的生活方式，在日常生活中為他們提供充足的運動機會。這些習慣的養成不僅有助於孩子的健康成長，也能促進他們身心的全面發展，為未來的學習和生活奠定堅實的基礎。

引導孩子走向大自然

激發孩子的自然興趣

　　大自然是一個無盡的寶藏，為孩子提供了探索、學習和成長的無限機會。調查顯示，雖然大部分孩子都渴望進行戶外活動，但卻有60%的孩子表示日常很少有機會接觸自然，甚至有30%的孩子會因為外出玩耍而受到父母的指責。玩耍是孩子天性的一部分，尤其在大自然中玩耍，孩子能夠學會了解世界、陶冶情操、增強身體並且提升知識。父母應該理解，走向大自然不僅是孩子的權利，更是他們成長的一部分。

　　父母應該激發孩子對大自然的興趣。有些孩子性格內向，不願意參加戶外活動，可能沉浸於玩具中，缺乏對自然世界的探索熱情。這時，父母需要積極引導，可以從講述自然故事開始，也可以帶孩子學習一些基本的自然知識，再逐步將這些知識與大自然的實際接觸結合。對於獨生子女，除了鼓勵他們與朋友一起外出遊玩，父母也應該與他們一同享受與大自然親密接觸的樂趣。孩子對大自然的了解往往受限於經驗，如果父母總是以忙碌為藉口，剝奪孩子與自然接觸的機會，那無疑會影響孩子的全面發展。

培養孩子的觀察能力

　　孩子天生充滿好奇心，但這份好奇心往往是無序的，沒有系統地發現自然界中的規律。父母的角色是引導他們學會如何有效觀察這些現象。父母應該讓孩子注意一些具有規律性的自然現象，比如季節變化、

植物的生長週期，甚至是雨後的彩虹，或是日月的變化等。透過這些自然現象的引導，孩子能夠學會如何觀察和思考，理解周圍世界的運作方式。對於年齡較小的孩子，父母可以透過簡單的問題引導他們思考，而對於年齡較大的孩子，可以鼓勵他們寫觀察日記，並幫助他們總結觀察到的現象和規律。這種訓練有助於孩子日後在學習中掌握抽象思維和邏輯推理。

鼓勵孩子融入大自然的實踐活動

生活在城市的孩子雖然不能像鄉下孩子一樣頻繁接觸大自然，但父母仍然可以為孩子提供接觸自然的機會。這不僅能讓孩子了解大自然的運行規律，還能培養他們的動手能力。比起單純的理論學習，親自參與與自然有關的活動更能加深孩子對大自然的理解和喜愛。例如，讓孩子在家裡種一盆花，或者在公園裡栽一棵樹，這樣的活動不僅能教會孩子如何照顧植物，還能讓他們親自感受從勞動中獲得的成就感。這樣的實踐不僅能增強孩子對大自然的熱愛，也能幫助他們發展出良好的動手能力和耐心。

讓孩子走向大自然，收穫無限

走向大自然對孩子的身心發展有著深遠的影響。父母應該積極創造機會，讓孩子與自然接觸，從中獲取成長的養分。無論是激發興趣、培養觀察力，還是促進動手能力，這些與大自然的接觸都是孩子成長中不可或缺的部分。讓孩子走向大自然，將有助於他們形成健康的生活方式，增強對世界的理解和熱愛。

第四章
應對孩子的困惑

第四章　應對孩子的困惑

幫助孩子建立堅強的性格

　　許多父母對孩子性格軟弱、不能堅持自己立場或主張感到焦慮。這樣的孩子常常會在面對強勢的同伴時選擇讓步，而過去被認為是聽話、文靜的優點，今天則成為了孩子面臨的挑戰。隨著社會競爭愈加激烈，這樣的性格在現代社會變得越發突出。尤其是在孩子們的學齡越來越小的今天，性格軟弱的孩子在幼稚園中可能會面臨更多的困境和挑戰。

　　這類孩子在心理上容易焦慮、敏感，並且從小就表現出對陌生環境的恐懼感。他們可能會有頻繁的哭泣、害怕接觸陌生人，對新環境的適應能力較差。這樣的情況可能持續到成年，並且在成年後患上心理不安障礙、憂鬱症等情況的機會也較高。因此，父母應該早期了解到這一問題，並在孩子的成長過程中加以介入與引導。

如何改善孩子的自信心與應對能力

　　父母應該為孩子創造一個有利於適應的新環境，幫助他們逐漸習慣新事物，並給予他們足夠的支持與關愛，尤其是在孩子經常表現出焦慮或不安時。過度責罵或強迫孩子去面對不適應的環境，往往會造成孩子的情感反彈，讓他們對新事物產生恐懼感。因此，父母應該提供孩子溫暖、支持的環境，並透過循序漸進的方式幫助他們克服恐懼。

　　對於那些表現出「害羞」傾向的孩子，父母應該促進孩子的社交能力，從小培養他們參與團體活動的習慣。然而，如果父母未能妥善引導，強迫孩子適應新環境，反而可能讓孩子感到更大的心理壓力，從而影響孩子的社交能力發展。

建立正向的自我意識

如果父母在孩子小時候未能培養正向的自我意識，這些孩子長大後可能會缺乏自信心，進而變得性格軟弱。某些家庭中的成長環境問題，如父母經常爭吵、離異、或父母過度保護孩子，都可能導致孩子在成長過程中感到自卑，並對自己缺乏信心。父母若經常責罵孩子，這將大大削弱孩子的自我價值感。

父母應該更多地鼓勵孩子，對他們的努力給予肯定，而不是對他們過度指責或強求。這樣孩子才有可能建立起對自我的正面認知，並在成長過程中逐漸克服性格中的軟弱傾向。

父母在孩子成長中的角色

父母的支持與引導對孩子的性格發展至關重要。面對孩子性格中的弱點，父母應該保持耐心，並以正向的態度幫助孩子逐步改變。當孩子表現出堅持自我主張的行為時，父母應該理解並接納，而不是過於焦慮或反感。孩子在建立自信的過程中，可能會表現出過度的叛逆行為，但這是一個正常的情緒釋放過程，父母應該以正面的態度對待。

父母應該扮演支持者和引導者的角色，並適時調整自己對孩子的期望和要求。在孩子獲得足夠的情感支持和自由發展空間後，他們將能夠逐步建立起更堅強的性格，從而更好地應對成長過程中的各種挑戰。

第四章　應對孩子的困惑

如何幫助孩子克服厭學情緒

每個孩子或多或少會有抱怨學校的時候，但有些孩子會經常表現出厭學的情緒，並且試圖以請病假等方式逃避上學。對於這樣的孩子，作為父母，必須仔細觀察並找出他們不喜歡學校的真正原因。研究顯示，孩子厭學的原因之一是由於「分離焦慮」，這通常會在孩子進入新學校或家庭壓力較大時加重。

父母若只是用自己的方式去解決孩子的焦慮，效果可能不佳。比起只是告訴孩子「沒事的，別擔心」，不如以正面的態度去鼓勵孩子，與孩子一起規劃學校生活，並提供他們所需的情感支持。例如，當孩子對新學校感到焦慮時，父母可以親自陪伴孩子，幫助他們逐漸適應新環境。

鼓勵孩子建立自信和獨立性

對於一開始進入新學校的孩子，特別是那些容易擔心自己會落後於同學的孩子，父母應該幫助他們建立自信心，並激發孩子的獨立精神。可以在家中進行一些模擬練習，例如模擬在課堂上發言或進行小組討論，讓孩子在真實情境中能夠更加自如地表現自己。這樣的練習可以幫助孩子將大問題分解為小步驟，並讓他們對學校生活產生更高的掌控感。

增強孩子的社交能力

有些孩子不喜歡學校，主要是因為他們在學校中缺乏朋友，或者覺得與同齡人交往困難。這樣的孩子往往在學校感到孤獨，這不僅影響他們的學習，也進一步加劇了他們的厭學情緒。父母可以透過增強孩子的

社交技能來幫助他們克服這一障礙。例如，教孩子如何與人打招呼、如何發起對話、以及如何邀請他人一起玩遊戲等。這些簡單的社交技巧可以幫助孩子更容易地融入集體，並結交到更多的朋友。

此外，對於一些有特殊興趣或才華的孩子，例如擅長網路遊戲的孩子，可以鼓勵他們參加與興趣相關的活動或小組，這不僅有助於他們建立自信心，也能幫助他們結交志同道合的朋友。

解決孩子的焦慮和欺凌問題

有些孩子討厭學校，可能是因為在學校中遭遇過欺凌或嘲笑。這種情況會讓孩子感到極大的焦慮和不安，並可能導致他們的自我價值感降低。在這種情況下，僅僅告訴孩子要「自信」是不夠的。父母應該教導孩子如何處理與同學的衝突，並鼓勵孩子在遭遇欺凌時，及時向老師反應。在孩子的社交技能尚未完全成熟時，父母應該幫助孩子學會辨識哪些朋友是真正值得交往的，並指導他們如何避免與有攻擊性或霸凌傾向的孩子接觸。

如果孩子遭遇欺凌，父母不應該立即與欺凌者的父母發生衝突，因為這樣的方式往往無法解決問題，反而可能讓孩子更難面對校園生活。最好的方法是引導孩子表達自己的感受，並幫助他們學會如何與老師及其他成年人溝通，尋求適當的支持。

建立支持性的家庭環境

要幫助孩子克服厭學情緒，父母的理解、支持和積極引導至關重要。父母應該站在孩子的角度，幫助他們克服焦慮、建立自信，並增強他們的社交能力。這樣，孩子才能在學校中獲得良好的學習體驗，從而逐漸改變對學校的看法，重新激發學習的興趣和熱情。

第四章　應對孩子的困惑

如何解決孩子的叛逆心理

孩子在成長過程中，會逐漸展現出一些叛逆行為，這是成長過程中的一個正常階段。這種行為通常表現為孩子反抗父母的要求，可能是選擇不聽話，或是堅持自己的意見。叛逆心理的根本原因，往往來自父母與孩子之間的相互作用。如果父母經常用專制的方式與孩子溝通，要求孩子完全服從，這會激起孩子的反感，逐步形成叛逆行為。特別是對於那些個性較為剛強的孩子來說，父母的強硬態度更容易引發反抗。

此外，當父母與孩子的關係界限不明確、經常爭執或情感不和時，孩子可能會感到無助，以逃避或叛逆的行為表達自己的不滿。

改善父母與孩子之間的溝通

父母若發現孩子出現叛逆行為，首先需要從自身的溝通方式入手。避免使用命令式的語氣，改為與孩子進行平等對話。父母應該從第三者的角度來觀察孩子的行為和情感，這樣可以幫助自己更客觀地分析問題，選擇更合適的方式來解決衝突。

此外，父母應該學會保持冷靜。在面對孩子的叛逆行為時，父母的情緒控制尤為重要。急躁的父母容易加劇矛盾，而耐心等待孩子冷靜下來後再進行溝通，能幫助問題更好地解決。

理解並尊重孩子的個性

每個孩子的性格不同，因此父母在管教孩子時應該根據孩子的個性進行調整。例如，如果孩子對某些興趣表現出極大的熱情，即便這些興

趣可能與學業無關，父母也不應該立即禁止，而是應該試圖了解孩子的興趣所在，並指導他們如何平衡興趣與學業的關係。透過開放的態度，父母可以進一步了解孩子的內心世界，並幫助孩子學會在各種情境中表達自己，而不單單是服從他人的命令。

改變教育方式，實踐有效的管教方法

父母在管教孩子時應該學會靈活變通，根據情況調整管教方法。特別是當孩子進入青少年階段時，父母應該更多地採取雙向溝通的方式，而非單方面的指導。對於不適合的管教方法，父母應該及時改變，避免固守一種方式，這樣能更好地適應孩子的成長需求。

實踐體驗也是改變叛逆心理的一個有效方法。例如，父母與孩子進行小規模的協商，讓孩子在某些問題上有發言權，如購物或決定家務分工等。這樣的互動可以讓孩子感受到自己在家庭中的價值，學會承擔責任。

建立互相理解的關係

父母與孩子之間建立良好的溝通和理解，是化解叛逆心理的關鍵。父母需要從孩子的角度出發，理解孩子的需求和情感，給予相應的支持和鼓勵。透過將心比心的方式，父母能夠更好地與孩子建立信任，進而減少叛逆行為的發生。

保持開放和包容的態度

對於孩子的叛逆行為，父母應該保持開放和包容的心態。在教育孩子的過程中，父母不僅是教師，更是孩子的朋友和引導者。透過有效的溝通、靈活的管教方法和對孩子個性化需求的理解，父母可以幫助孩子度過叛逆期，並促進他們的健康成長。

第四章　應對孩子的困惑

如何改善孩子的社交能力與性格

每個孩子在不同環境中的表現各異。有的孩子在家中活潑開朗，但在面對新環境或陌生人時，卻顯得膽怯或呆板；有的孩子喜歡獨自玩耍，自言自語，顯得不合群；也有孩子會在與他人交往時過於強勢，甚至顯得盛氣凌人；還有些孩子，則在面對熟人時即使被要求禮貌待人，依然沉默不語，甚至設法避開對方。父母應該及早注意到這些行為，並採取適當的方式進行糾正。

父母的影響力

美國心理學家哈里森曾指出，童年時期所經歷的家庭環境會深刻影響孩子的行為與性格發展。父母的言行舉止無形中塑造了孩子的交往模式。例如，父母若總是以「老實人吃虧」的觀點教導孩子，教育孩子「誰碰你一下，你就還他一拳」，這樣的教育方式將潛移默化地影響孩子的行為模式。父母應注意提升自身的修養，修正與他人交往中存在的各種不良習慣，如語言粗魯、對人不禮貌、冷漠等。

避免過度溺愛與保護

父母過度溺愛或保護孩子，會影響孩子的自立能力和社交能力。有些父母出於對孩子安全的過度擔心，將孩子視為「珍寶」，限制他們與外界的接觸，甚至不讓孩子參與戶外活動。這種過度保護的行為會讓孩子養成依賴、膽小的性格，對新環境難以適應，與人交往時顯得笨拙。相反，父母應該適當放手，讓孩子學會獨立與自我保護，這樣才能增強他

們的社交能力。

此外，過於滿足孩子的各種需求，讓孩子養成以自我為中心的性格，也會使他們在交往中顯得自私、霸道，甚至失去朋友。因此，父母應該在孩子的需求和行為上設立適當的界限，教導孩子如何尊重他人，學會互相幫助，這樣才能培養孩子良好的社交習慣。

營造良好的社交環境

現代都市的生活環境常常限制了孩子們之間的交流與互動。許多家庭的居住環境是單元結構，這減少了孩子們之間自然的交流機會。此外，現代社會快節奏的生活方式，也讓鄰里之間的交流變得稀少。然而，孩子的社交能力卻需要與同齡人進行互動來提升。父母應該在家中創造更多的社交機會，例如邀請孩子的朋友來家裡玩，鼓勵孩子參與各種團體活動。

有些父母過於講究家中的整潔，會對孩子與朋友的互動進行過度管控，這樣不僅會傷害孩子的自尊心，還可能影響孩子與朋友的關係。父母應學會理解孩子的心理，尊重他們的交往，讓孩子在一定範圍內表達自己，這樣有助於增強孩子的自信心和社交能力。

父母需創建支持性社交環境

為了讓孩子能夠健康成長，父母應該從日常生活中開始，注意自己對孩子的影響，創造一個開放、支持性的社交環境。適度的放手與指導，可以幫助孩子學會如何與他人交往，逐步建立起健康的自我形象和社交技能。

第四章　應對孩子的困惑

如何讓孩子克服膽怯

　　膽怯是許多孩子會經歷的情感反應，尤其是在獨生子女中更為常見。這種情感並不完全是負面的，也不意味著孩子的性格有缺陷。其實，膽怯是一種正常的個性特徵，不代表孩子在未來會無法克服困難。父母不應該將孩子的膽怯視為弱點，而是要理解它可能來自孩子對未知的恐懼或對環境的不熟悉。

　　有些孩子表現出膽怯，可能在新的環境或面對陌生人時顯得害羞或退縮，這並不意味著他們將來無法成功。只要膽怯不影響孩子的快樂與自信，不阻礙他們的學習與探索，父母應該給予足夠的理解與支持。

避免貼上膽怯的標籤

　　如果孩子在某些情況下表現得害怕或退縮，父母不應該急於替孩子貼上「膽怯」的標籤。這樣做可能會加深孩子的自卑感，反而使情況更糟。父母應該避免責備或嘲笑孩子，而是應該耐心地幫助孩子走出困境，並提供支持。

鼓勵與支持是關鍵

　　父母的支持對孩子來說至關重要，尤其是在他們表現膽怯的時候。父母應該鼓勵孩子，即使他們只做出微小的進步，也要給予充分的認可和誇獎。這樣的鼓勵可以幫助孩子建立信心，減少他們在表達自己時的緊張感，進而克服膽怯。

此外，與老師的溝通也十分重要。父母應該爭取老師的幫助，讓老師給予孩子更多的關愛和鼓勵。膽怯的孩子往往容易在群體中被忽視，而老師的支持和關心將對孩子的成長達到正向作用。

創造友善的社交環境

父母可以幫助孩子與同齡人交流，從而增強孩子的社交能力。例如，邀請鄰居或同班同學來家裡玩，或者與孩子一起走進大自然，營造輕鬆、愉快的氛圍。在這種環境中，孩子可以毫無顧忌地表達自己，這對克服膽怯有很大的幫助。

角色扮演遊戲也是一個有效的方式，透過這些遊戲，孩子可以理解自己在生活中的角色，在輕鬆的互動中提升自信心。父母在這方面的引導要靈活且富有創意，避免過於枯燥的教導，讓孩子在遊戲中學習與人交往的技能。

培養責任心以克服膽怯

責任心的培養對於克服膽怯行為具有很大的幫助。父母不必事事代為處理，而應該讓孩子承擔一定的責任，這樣孩子會逐漸意識到自己的重要性與價值。當孩子感受到自己有責任照顧他人時，他們會在無形中擺脫膽怯的情緒。

例如，父母可以讓孩子照顧家中年幼的孩子或照顧小動物，增強孩子的責任感，讓他們在照顧他人的過程中，克服自己內心的恐懼與不安。這不僅有助於建立自信，還能讓孩子學會如何面對挑戰。

第四章　應對孩子的困惑

責任與支持是克服膽怯的關鍵

　　克服膽怯並非一蹴而就，但透過父母的支持、鼓勵以及責任心的培養，孩子可以逐步克服這一情感障礙。創造一個良好的社交環境、靈活的引導方式，以及讓孩子承擔一定責任，都是幫助孩子克服膽怯的有效途徑。

如何控制孩子的攻擊性行為

攻擊性是一種自然的心理反應，但它如果不加以控制或引導，可能會對孩子的成長與人際關係造成負面影響。許多研究指出，攻擊性行為不僅是遺傳的結果，也與家庭環境、父母的教養方式密切相關。父母的行為、對孩子情緒的反應以及與孩子的互動方式，都在很大程度上影響孩子的攻擊性傾向。

家庭教育對攻擊性行為的影響

1. 父母的撫養方式：當父母對孩子採取冷漠拒斥的態度，並且容忍孩子表現攻擊性行為時，孩子的攻擊性會更加明顯。這些父母可能會採取體罰來處理孩子的攻擊行為，然而，這樣的做法往往會讓孩子習慣於用暴力來解決問題，進而加劇攻擊性行為。

2. 父母與孩子的相互作用：高壓式的家庭環境會加強孩子的攻擊性行為。在這種環境中，家庭成員之間的交往通常以負強化為主，當一位家庭成員感到憤怒時，會使用哭泣、打鬧或謾罵來表達不滿，這樣的行為會加強孩子的攻擊性傾向。

3. 父母的監控與管理：父母對孩子的監控不足會導致孩子與同伴之間發生更多的衝突或暴力行為。當父母對孩子的行蹤、交友和行為缺乏關注時，孩子容易失去行為規範，進而表現出攻擊性行為。

第四章　應對孩子的困惑

有效的方法來控制攻擊性行為

1. 消除攻擊性行為的強化物：父母需要識別並消除強化孩子攻擊性行為的因素。例如，當孩子搶走玩具時，父母應該強制要求孩子把玩具歸還，而不是默許孩子的行為。這樣可以有效地消除攻擊行為的強化物，減少孩子以後重複攻擊行為的可能。

2. 鼓勵親善行為：研究顯示，當孩子表現出親善行為（如分享、合作等）時，父母應該及時給予正面的回應與鼓勵，這能夠強化孩子的良好行為，並有助於減少攻擊性行為。

3. 冷處理：當孩子表現出極端的攻擊性行為時，父母可以採取冷處理的方法，讓孩子冷靜下來。這不意味著忽視孩子的需求，而是讓孩子在冷靜的過程中理解自己的行為後果，從而達到控制攻擊性行為的目的。

4. 榜樣訓練與衝突解決：父母應該透過榜樣的方式教導孩子如何處理衝突。當孩子與同伴發生爭執時，父母應該示範如何用非攻擊性的方式來解決問題，幫助孩子學會控制自己的情緒與行為。

5. 提供非攻擊性環境：父母可以為孩子創造一個非攻擊性的環境，減少孩子接觸到刺激攻擊性行為的情況。例如，避免提供具有攻擊性暗示的玩具給孩子，並提供充足的遊戲空間，讓孩子能夠在沒有衝突的環境中學習與他人合作。

6. 培養移情能力：培養孩子的移情能力有助於降低攻擊性行為。父母應該在孩子犯錯後，引導他們理解自己行為對他人的影響，幫助孩子換位思考，從而促使他們對他人表現出更多的同情和理解。

家庭教育對攻擊性行為的控制至關重要

控制孩子的攻擊性行為需要父母的耐心與細心。家庭環境和父母的行為方式對孩子的攻擊性有著深遠的影響。父母不僅需要識別並消除強化攻擊性行為的因素,還應該鼓勵孩子表現出親善、合作的行為。提供非攻擊性的環境,並在孩子出現攻擊行為時採取冷處理或正面的榜樣訓練,也有助於減少攻擊性行為的發展。

第四章　應對孩子的困惑

如何引導孩子處理糾紛

孩子進入學校後，開始接觸更多的同齡人，這是他們學習與人交往的重要階段。在這個過程中，如何處理衝突成為他們成長的一部分。父母和教師的角色不僅是解決當前問題，更在於幫助孩子建立健康的人際關係和處理問題的能力。

父母的角色：幫助孩子分辨是非

父母的正面態度能讓孩子減少委屈，增強自信。這對性格較懦弱的孩子尤其重要，幫助他們建立勇敢和堅強的品格。

此外，父母還需要教育孩子，當遭遇不公平或危害他人的行為時，要敢於挺身而出，必要時也可以採取適當的反擊。這不僅是對自我的保護，也是對社會秩序的捍衛。

教師的角色：引導和關注

教師在孩子處理糾紛時，也扮演著重要的角色。讓孩子自己解決衝突可以促進他們的社交能力，但老師應該在過程中關注並介入，確保衝突得到公正處理。如果發現孩子遭遇不公，老師應該提供指導，幫助孩子明辨是非，並讓他們理解不應該容忍攻擊行為。

當孩子在衝突中表現出退縮時，老師應該給予支持，幫助孩子樹立正確的價值觀，並鼓勵他們在未來的相似情況中更加堅定。

如何引導孩子處理糾紛

　　總之，父母和教師在孩子處理糾紛的過程中應該合作，給予他們正確的指導，幫助孩子理解人際交往中的是非觀念，鼓勵他們在必要時捍衛自己。透過這些教導，孩子將能夠建立起健全的自我保護能力與人際關係，從而在未來的社會中更加自信、勇敢地面對挑戰。

第四章　應對孩子的困惑

如何處理孩子受欺負的情況

孩子之間的糾紛和爭執在成長過程中是非常常見的，尤其在玩耍時，常常會出現打鬧、爭搶等行為。對於孩子來說，這些爭端往往是短暫的，玩玩沒多久就忘了。然而，當孩子遭遇欺負時，父母的反應往往會對解決問題產生影響。有些父母可能會過度介入，甚至為了保護孩子而直接與對方的孩子或家長對抗，這樣的做法不僅無助於問題的解決，還可能加劇事態。

例如，當孩子在學校被同學欺負時，父母不應該立刻衝動行事，如直接找對方孩子對質或向學校教師施壓，雖然這樣的反應可能讓父母短暫感到心理上的舒緩，但這樣的行為會使父母在孩子眼中的形象受到損害，並且可能讓孩子在同學中失去威信。更重要的是，這樣的介入會讓孩子和同學之間產生隔閡，未來在同學間的交往會更加困難。

如何引導孩子處理糾紛

對於父母來說，最好的方法是引導孩子學會如何處理與同學之間的衝突。父母可以教導孩子寬容和大度，如果孩子在玩耍過程中被欺負，學會放下和包容，就能夠避免心中積壓怒氣。父母應鼓勵孩子吸取經驗，未來避免重蹈覆轍。這樣，孩子會從中學會如何理性處理糾紛，而不會把小事過度放大。

當然，如果對方的行為過於過分，孩子無法忍受，父母應該鼓勵孩子向老師或對方的父母反應問題，請求他們的幫助。這樣不僅能夠有效

解決衝突，還能讓孩子學會在面對問題時，尋求適當的幫助，而不是單打獨鬥。

如何處理陌生人的欺負

當孩子遭遇陌生人的欺負或威脅，情況則更為複雜且嚴重。例如，一些高年級學生或社會上的不良分子可能會威脅孩子，索要錢財或進行身體上的傷害。在這樣的情況下，父母必須保持警覺，並教導孩子具備自我保護的意識。

孩子應該知道，遇到這種情況時，要及時向父母或老師報告，而且不應該隱瞞。對於這類情況的處理，父母應該及時關注孩子的行為變化，比如是否有神態異常、舉止反常、或是與陌生人頻繁接觸等。如果發現這些異常情況，父母應該及時與孩子溝通，了解真實情況。當問題嚴重時，採取報警並依法保護孩子。

理性對待，避免情緒化

面對孩子受欺負的情況，父母應該理性對待，避免過度介入和情緒化反應。透過教導孩子處理糾紛的正確方式，讓他們學會在面對問題時保持冷靜、理性；同時，也要幫助孩子建立自我保護意識，確保他們能在遭遇不法行為時及時反應，保護自己的安全。

第四章　應對孩子的困惑

如何避免孩子變得嬌氣

現代社會中，許多父母對孩子的溺愛和過度保護，可能會導致孩子變得嬌氣，無法承受挑戰和困難。嬌氣的孩子常常表現為不願意吃苦、不願意承擔責任，依賴父母處理所有問題。在學校，這樣的孩子往往無法面對小小的挫折，甚至在體育課上跑多幾圈就會向父母訴苦。這樣的行為從心理學角度來看，往往源自於孩子未能發展出獨立性和自我調節的能力，這也是父母過度保護的結果。

父母應該如何引導孩子

❖ 培養獨立性

父母應該從孩子很小的時候開始培養他們的獨立性。這不僅是指讓孩子學會做事，更是讓他們學會做出選擇和承擔責任。例如，從孩子一歲多開始，就可以讓孩子做一些力所能及的小事，比如選擇自己喜歡的鞋子或玩具，這不僅能培養孩子的決策能力，也能增強他們的自信心。

❖ 逐步鍛鍊孩子面對困難的能力

孩子在遇到困難時，父母應該避免過度介入，哪怕孩子哭鬧，也應該鼓勵他們自己解決問題。在這樣的過程中，孩子學會了如何面對挑戰並克服困難，這對培養他們的堅韌性和解決問題的能力非常重要。例如，有些國家的父母會讓孩子在車上摔倒後自己站起來，而不會立即幫助他們，這樣的做法幫助孩子學會自我克服困難。

❖ 避免過度舒適的生活環境

父母應該避免過度為孩子創造一個舒適的環境,尤其是在物質上不應過於奢華。孩子應該學會珍惜現有的資源,這樣他們才能懂得感恩並學會節儉。在生活上,父母可以從小讓孩子選擇一些科學實用的物品,而非追求高檔,這樣孩子會理解到適度的重要性。

❖ 保持合理的期待與教育方式

父母對孩子的期望不應該過高或過低,應根據孩子的年齡、能力來設立適當的標準。教育方式上應該保持寬嚴適度,既要鼓勵孩子的獨立性,又要有必要的引導和監督,避免過度溺愛造成孩子依賴性強的問題。

培養孩子獨立的關鍵方法

要避免孩子變得嬌氣,父母必須從日常生活中的小事做起,逐步培養孩子的獨立性、堅韌性和解決問題的能力。透過適當的教育方式,父母不僅能讓孩子學會自立,也能讓他們在面對困難時更加堅強,這對孩子的成長和未來的社會適應非常有益。

第四章　應對孩子的困惑

如何面對孩子的淘氣行為

在日常生活中，很多父母對孩子的淘氣行為感到頭痛，尤其當孩子在他人家中或公共場合表現得不拘小節，像是亂拿不該碰的物品，甚至用鞋油當作牙膏塗抹。面對這些情況，家長應該如何處理呢？

淘氣並非全然壞事

首先，我們應該理解淘氣並不總是壞事，孩子的淘氣行為常常代表著他們的好奇心與探索精神。心理學家認為，這種好奇心是「知識之門」，是孩子探索世界的驅動力。舉例來說，發明家愛迪生年幼時也曾因為對母雞孵蛋的過程感興趣，將自己肚子當成「孵蛋處」，這是他探索世界的一部分。因此，淘氣行為的根源往往來自孩子對世界的好奇，這是他們成長過程中的自然現象。

自主與獨立的開始

隨著年齡增加，孩子會進入「第一反抗期」，大約三歲左右，他們開始表現出強烈的自主性。這是心理學上正常的發展階段，孩子在這個時期往往會拒絕父母的指令，並表現出強烈的獨立需求。對此，父母應該保持耐心，並理解這是孩子發展自信與獨立性的必要過程。在此階段，父母應該給予孩子一定的自由空間，讓他們在不危險的情況下，學會如何處理自己的困難。

雖然淘氣行為可能會帶來一些麻煩，像是物品損壞或打亂秩序，但

只要這些行為不涉及危險，父母應該適當給予孩子自由，讓他們從中學習如何應對問題。當孩子嘗試自己解決困難時，父母不應急於插手或過度幫助，應該鼓勵孩子自行克服挑戰，這不僅能培養孩子的獨立性，還能增強他們的自我管理能力。

如何處理孩子的情緒與自我控制

對於那些會因為無法如願而耍賴的孩子，父母應該耐心觀察並理解孩子的需求。當孩子因為疲倦或無法得到自己想要的東西而情緒低落時，父母可以給予適當的引導。例如，當孩子開始耍賴時，父母可以告訴他，「我知道你現在很不高興，但我們要學會冷靜地表達自己的感覺。」這樣不僅能幫助孩子學會情緒管理，還能讓他們學會以適當的方式表達需求。

培養孩子的自主性與自我管理

淘氣與自我管理並非互相矛盾，而是孩子成長過程中的自然現象。作為父母，我們應該尊重孩子的好奇心和探索精神，在此基礎上，教導他們如何自我約束，在適當的時候給予他們足夠的自由來探索世界。這樣，孩子在成長的過程中不僅能保持好奇心，還能學會如何處理生活中的困難與挑戰。

第四章　應對孩子的困惑

如何與內向型孩子互動

　　內向型孩子在性格表現上通常較為沉默寡言，不善於表達自己的想法和情感。這些孩子可能因為過於內向而在社交場合中顯得不自在，從而錯失一些與他人建立連繫的機會。作為父母或教育者，我們應該如何幫助這些孩子發揮他們的潛力，並在社交場合中感到更加自信和舒適呢？

了解內向的孩子

　　內向是一種性格特徵，內向型孩子通常比較安靜、內省，並喜歡獨處。他們可能會在群體中顯得沉默，甚至避免與他人交往。這種性格特徵並不意味著孩子有問題，反而是一種獨特的個性。儘管內向型孩子往往在社交場合中感到不自在，但他們通常具有高度的自我反思能力和深思熟慮的特點。

為內向型孩子創造社交機會

　　幫助內向型孩子發展社交技能，最有效的方法之一是為他們創造與同齡人互動的機會。父母可以安排一些小型聚會或活動，讓孩子在較為輕鬆的環境中與其他孩子交往。這不僅能幫助孩子練習如何與他人溝通，還能提高他們在社交場合中的舒適度。

逐步鼓勵開口表達

　　內向型孩子通常在言語表達上較為緩慢，因此父母可以逐步鼓勵孩子開口表達自己的想法。在日常對話中，父母可以主動讓孩子參與討

論，提供一些簡單的話題來激發他們的興趣。同時，可以教導孩子一些基本的談話技巧，如眼神接觸和適當的微笑，這能幫助孩子在與他人交談時感到更加自信。

正向支持與理解

對於內向型孩子，父母和教育者應該給予他們充足的支持與理解。不要強迫他們在不適應的情況下過度表現自己，而是應該尊重他們的節奏，並在孩子表達困惑或焦慮時，耐心傾聽並給予建議。這樣的支持可以幫助孩子建立自信，逐步克服內向所帶來的挑戰。

重視情緒管理

年齡較小的內向型孩子可能會更容易感到受傷，因此父母要特別關注他們的情緒變化。如果孩子表現出情緒不穩或無法應對社交挑戰，父母應及時提供安慰並幫助孩子理解情緒。父母可以幫助孩子識別和表達他們的情感，這樣有助於避免孩子積壓情緒，進而促進他們的情緒健康。

給予內向型孩子充分的發展空間

內向型孩子並非缺陷，而是擁有不同於外向型孩子的獨特優勢。透過提供適當的社交機會、鼓勵開口表達、給予情緒上的支持，父母可以幫助孩子更好地發展社交技能，在生活中逐步建立起自信心。這不僅有助於孩子成為更好的溝通者，還能幫助他們在成長過程中保持健康的心理狀態。

第四章　應對孩子的困惑

幫助孩子學會情緒管理

情緒管理是孩子成長過程中的重要一環。無論是憤怒、恐懼、悲傷，還是快樂，這些情緒都是每個孩子在面對生活挑戰時不可避免的反應。幫助孩子理解和控制情緒，將能為他們未來的成長奠定穩固的基礎。

了解情緒的角色

情緒是一種內在的心理反應，對每個人來說，情緒的表現方式和程度有所不同。憤怒讓人為了捍衛自己的權益而努力，恐懼則使人避開危險，而悲傷則幫助人釋放內心的痛苦。最重要的是，孩子應該學會如何適當表達和處理這些情緒，而不讓情緒控制他們的行為。

幫助孩子處理憤怒

當孩子感到憤怒時，最重要的是引導他們用語言表達情感。父母應鼓勵孩子說出生氣的原因，而不是讓他們採取暴力行為。這不僅能幫助孩子學會控制情緒，還能促進他們的語言表達能力。

例如，當孩子因為其他孩子搶走玩具而生氣時，父母可以引導他們說：「你是不是因為他搶了你的玩具而生氣？」這樣的問題可以幫助孩子反思自己的情緒來源，鼓勵他們用合理的方式處理情況。

同時，父母也應該表現出理解和支持，教孩子如何在生氣時平靜下來。例如，當孩子表現出憤怒情緒時，父母可以說：「我知道你很生氣，這是可以理解的，但我們要學會冷靜處理。」

理解和處理恐懼

恐懼是每個人都會經歷的情緒，對孩子而言，這是他們自我保護的一種方式。然而，過度的恐懼可能影響孩子的日常生活。父母需要幫助孩子分析和解決恐懼，教導他們如何應對可能引起恐懼的情境。

例如，如果孩子對某些情況或物品感到害怕，父母應耐心傾聽，以輕鬆的語氣與孩子討論恐懼的原因，並告訴孩子該如何保護自己。若孩子的恐懼源自幻想或不真實的事物，父母應該幫助他們了解這些恐懼是沒有根據的。

面對悲傷的情緒

悲傷是人們表達痛苦的一種方式，孩子在面對失敗或挫折時常會表現出悲傷情緒。父母應該允許孩子表達悲傷，在他們需要時提供安慰。

當孩子因為某些事情感到悲傷時，父母應當給予支持，並且讓孩子知道，哭泣並不是羞恥的事情。父母可以選擇陪在孩子身邊，或者輕輕擁抱他們，讓孩子感受到關愛和支持。

處理孩子的情緒困擾

有時候，孩子會透過擺臭臉或發脾氣來表達他們的需求。對於這些行為，父母應該保持冷靜，引導孩子學會用合適的方式表達自己。

如果孩子擺臭臉或者發脾氣，父母應該告訴孩子，「你可以直接告訴我你的想法，而不是用這種方式。」這樣的教育可以幫助孩子學會理性地表達需求，而非依賴不成熟的情緒表達方式。

第四章　應對孩子的困惑

情緒管理與孩子的成長

　　在孩子的成長過程中，學會情緒管理是非常重要的。父母應該幫助孩子理解情緒的來源，引導他們學會控制和適當表達情緒。透過這樣的教育，孩子能夠發展出健康的情感處理方式，在面對各種情緒挑戰時，能夠做出理智的反應。這不僅有助於孩子的情緒健康，也能促進他們的人際交往和心理發展。

如何處理孩子的說謊行為

孩子在成長過程中，可能會出現撒謊的情況，這是許多父母都會面對的挑戰。說謊行為往往來自於多種因素，有時是孩子試圖避免責任或懲罰，有時則是出於好奇或對想像世界的探索。理解說謊的根源，給予適當的指導和教育，是父母有效處理此問題的關鍵。

理解說謊的原因

有時候，孩子的說謊並不完全出於惡意，而是基於他們對世界的認知不足或對現實的逃避。例如，當一個孩子撒謊說看到一些奇幻的事物（如「昨天白雪公主來了」），這類撒謊往往屬於幻想型的謊言，並不具有欺騙的目的，更多的是表達孩子對虛構世界的想像和好奇。父母應該從中理解孩子對幻想世界的探索，適時引導孩子區分虛構和現實。

然而，也有一些情況，孩子因為害怕懲罰或是想避免責任，選擇撒謊。這時，父母需要區分撒謊的道德意圖，了解孩子的情境，與他們進行開放的對話，能有效幫助孩子理解誠實的重要性。

正確應對孩子的說謊

父母在發現孩子說謊時，首先應該保持冷靜。對於較輕微的撒謊行為，可以選擇不立即反應，而是等到情緒冷靜後再進行討論。對孩子進行教育時，應該讓孩子明白，誠實是人際交往的基石，不誠實會破壞信任並帶來不必要的麻煩。父母應該：

第四章　應對孩子的困惑

避免過度懲罰：過度懲罰孩子的撒謊行為，尤其是使用體罰，可能會讓孩子感到恐懼或無助，進而加深他們對撒謊行為的依賴。父母應該採取理性的方法來處理問題，與孩子共同探討撒謊的後果，讓孩子理解不誠實的結果。

探索撒謊的原因：父母應該試著了解孩子撒謊的動機。是否因為擔心父母的反應？還是因為他們無法處理當下的情況？了解原因後，父母可以提供更合適的處理方式，幫助孩子找到面對問題的勇氣，而不是選擇逃避。鼓勵誠實的行為

鼓勵孩子的誠實行為，並給予適當的表揚，有助於激勵孩子繼續保持誠實。當孩子勇於承認錯誤或面對困難時，父母可以積極肯定他們的行為，例如：「我很高興你敢於說出真相，這樣我們可以一起解決問題。」這種正面的強化能幫助孩子建立對誠實的認同感，學會勇敢面對問題。

教導孩子誠實的價值

教導孩子誠實並非一蹴而就，這需要父母在日常生活中不斷地引導和示範。透過理解孩子撒謊的根本原因、保持冷靜並採取正確的方法來處理，父母可以幫助孩子在成長過程中形成正確的價值觀，學會誠實與信任。這樣，孩子將能夠在未來的社交和職業生涯中建立穩固的關係，保持良好的品格。

第五章
教育的本質

第五章　教育的本質

家庭教育的盲點

根據某教育科學研究所的調查，70%的家庭教育存在盲點，這一現象反映了當前父母在教養孩子方面的普遍困惑。調查顯示，大部分父母的教育方式可以歸為三類：祖傳式教育、隨意式教育和學習型教育。只有大約30%的父母會透過學習、思考來總結自己的教育經驗，並將這些經驗付諸實踐。

三種主要的教育方式

祖傳式教育：這種方式指的是父母將自己從小接受的教育模式照搬到孩子身上。他們會將自己的教育經驗、信念和方法當作唯一的標準，並未考慮到時代的變遷和孩子的個性差異。

隨意式教育：這種方式的父母沒有固定的教育方法，而是隨著當下的情況隨意地管教孩子。他們的教育方式往往是情緒化的，沒有系統，也缺乏長遠的計畫和目標。

學習型教育：這是最理想的教育方式，指的是父母經過深思熟慮，並且不斷學習，根據當下的教育需求調整和改善管教方式。這類父母會總結自己的經驗，並且借助現代的教育理念和方法來指導孩子的成長。

父母在現代教育中的角色

在當今開放的社會中，孩子的知識儲備已經不再僅僅依賴父母的傳授。父母與孩子站在同一起跑線上，這讓許多父母感到焦慮。他們看著

一些「天才」孩子的成功故事，希望能透過購買書籍和參加課程來達到類似的效果，但往往忽略了這些「天才」的成功背後往往是累積了長期且有品質的教育環境。

事實上，孩子的成長與家庭教育的方式息息相關，並非簡單地依賴某些技巧或祕訣。父母在教育中扮演著至關重要的角色，他們的成功並非來自於高學歷或高文化素養，而是來自於對孩子教育的重視和用心。正如俗話所說：「春風化雨，潤物細無聲」，成功的教育應該是潛移默化的、循序漸進的。

重視家庭教育，培養成功的孩子

家庭教育的盲點提醒我們，父母的角色不僅是知識的傳遞者，更是孩子性格塑造和情感發展的重要引導者。面對現代教育挑戰，父母應該更多地學習、思考並調整家庭教育的方式。

第五章 教育的本質

父母的觀念對孩子成長的重要性

父母在孩子的成長過程中扮演著極為重要的角色，他們的觀念、方法和教育方式直接影響著孩子的未來發展。父母的影響力往往超越教師，他們對孩子的性格、價值觀、世界觀的塑造有著無可替代的作用。

❖ 1. 傳統觀念與現代家庭教育的衝突

在傳統觀念中，父母常常視孩子為自己的延伸，希望透過對孩子的控制實現自己的夢想。尤其是在獨生子女的家庭中，這種觀念更加深刻，父母常常將自己未能完成的目標寄託於孩子身上，試圖透過不懈的努力，將孩子塑造成自己理想中的模樣。然而，這種過度的關注和干涉反而可能使孩子感到壓力過大，並且疏遠父母。

❖ 2. 父母過度溺愛的後果

有一個例子，一位母親非常強迫她的兒子學鋼琴，將所有精力放在了孩子的學習和未來的成功上。然而，這樣的過度控制反而引發了孩子的反感，最終在情緒的爆發下，孩子將這股怨氣發洩在鋼琴上，將它毀壞。這件事顯示了父母在教育過程中的一個盲點：過度控制、過度溺愛往往帶來的不是孩子的感激，而是叛逆和不滿。

❖ 3. 父母的控制模式與孩子的心理發展

學者將父母的教育方式分為五種控制模式：嚴厲控制、限制控制、要求控制、干涉控制和專斷控制。這些控制方式雖然看似能夠幫助孩子

完成父母期望的目標，但實際上這樣的方式往往會抑制孩子的個性發展，削弱他們的獨立性，甚至讓孩子感到無所適從。這樣的教育模式容易形成親子之間的矛盾和代溝，讓孩子產生排斥和反感的情緒。

❖ 4. 尊重孩子的自主性

真正的教育應該尊重孩子的選擇和獨立性。尊重孩子的權利，讓孩子自己做出選擇，並根據自己的經驗去學習和成長，這樣的教育方法能夠幫助孩子更好地理解自己，發展出自主思考和解決問題的能力。父母不應該單純地以自己的價值觀去強迫孩子，而是應該引導孩子發現和發揮自己的潛力。

❖ 5. 愛的真正含義：尊重與指導

父母的愛不應該僅僅體現在物質上的供給，更應該在於精神層面的支持和指導。真正的愛是給予孩子成長的空間，教會他們如何面對生活中的挑戰，如何處理情感問題，幫助他們建立正確的人生觀和價值觀。愛應該是深沉的、理智的，並且能夠激發孩子的內在潛力，讓他們在自信和獨立中茁壯成長。

❖ 6. 建立良好的親子關係：從溝通開始

隨著孩子的成長，父母應該逐步調整自己的教育方式，從一味的控制轉向尊重和引導。親子之間的情感連繫應該逐漸升華為朋友或知己之間的關係，這樣的親子互動能夠建立更健康的情感基礎，促使孩子在生活中更加自信和獨立。

第五章　教育的本質

教育的藝術

　　父母的觀念對孩子的影響深遠，正確的教育方式應該尊重孩子的個性和選擇，根據孩子的發展階段靈活調整教育方法。只有當父母學會了如何在愛的基礎上提供指導、支持和信任時，孩子才能在這樣的家庭環境中茁壯成長，成為具有獨立思考和自主行動能力的個體。

互補規律：父母的角色與孩子的發展

在家庭教育中，父母的角色往往會深刻影響孩子的性格與成長。過度的介入與控制雖然來自父母的愛與關心，但如果過於「勤勞」，則可能抑制孩子的自主性和自信心。這一現象正符合「互補規律」，即父母如果過於「懶」，孩子則會變得更勤奮，而若父母過於勤勞，孩子的獨立性可能會減弱，導致他們無法發揮自己的潛力。

❖ 1. 父母「懶」與孩子的成長

「懶」父母並非指的是好吃懶做，而是指父母能夠理智地選擇讓孩子自己去做，而不是代勞。這樣的父母鼓勵孩子在生活中獨立完成任務，讓孩子在挑戰中學會處理問題和成長。這不僅培養了孩子的自理能力，也促使孩子在面對困難時發揮創造力，這樣的孩子在未來往往能夠更好地適應生活中的各種挑戰。

❖ 2. 父母「過勤」的影響

相反，當父母過度介入，將所有的決策和行為都替孩子做了，他們就會變得依賴，缺乏解決問題的能力。像是有些父母在孩子面對陌生人時代為回答問題，或在孩子的日常生活中包辦所有事情，這樣的過度關愛最終會讓孩子的自信心和獨立性逐漸消失。孩子缺乏自我發揮的空間，對自我能力的認知與探索也因此受限。

第五章　教育的本質

❖ 3. 性格互補與親子關係

在某些情況下，父母與孩子之間的性格互補現象非常明顯。例如，一位強勢、能幹的母親可能會有一個內向、靦腆的孩子。這種情況往往源自父母過多的干涉與支配，孩子在無法表達自己的情況下，逐漸失去自我。像是有些孩子因為父母過於強勢或過度介入，逐漸養成了對生活的依賴，無法在社交或決策中表現出自主性，進而影響他們的心理發展與自信。

❖ 4. 給孩子更多的機會

作為父母，應該意識到讓孩子擁有屬於自己的舞臺是多麼重要。孩子需要在真實的環境中進行自我挑戰和表現，而這正是建立自信的基礎。當孩子犯錯或面對困難時，父母應該鼓勵他們從錯誤中學習，而不是急於替他們解決問題。這樣的教育方式能讓孩子養成解決問題的能力，提升他們的心理承受力與獨立性。

父母應給予孩子自由發揮的空間

總結來說，父母的角色是塑造孩子成長過程中的一個關鍵因素。對孩子的過度保護和介入不僅會剝奪孩子自我發展的機會，也可能造成親子之間的疏遠。真正的愛是讓孩子在自由與引導的平衡中成長，透過經歷挑戰與困難，讓孩子獨立、自信地面對未來的各種挑戰。因此，父母在教育孩子時應該適時地放手，為孩子創造更多的機會和空間，讓他們在屬於自己的舞臺上盡情表現，這樣才能培養出既有自理能力又充滿自信的孩子。

轉移規律：父母的心理影響孩子的成長

孩子從出生開始，他們的心理狀況往往像一張白紙，父母的教育方式、心理素養等因素對孩子的心理發展有著深遠的影響。有時，父母自身的心理狀況和行為方式會無意中將負面情緒和態度轉移到孩子身上，這會對孩子的心理健康產生不良影響。以下是一些常見的心理轉移現象，父母應該留意並及時調整。

❖ 1. 父母過高的要求與心理壓力

某些父母常對孩子提出過高的期望，尤其是在學業和才藝方面。他們可能將自己未曾實現的夢想寄託在孩子身上，要求孩子參加各種課外活動，如鋼琴、書法、英語等，導致孩子的課餘時間被填得滿滿的。過度的學習壓力不僅讓孩子身心疲憊，還可能引發身體或心理上的問題。譬如，有的孩子因過度緊張而發展成抽動症或其他心理疾病。父母應該了解到，適當的放鬆和休息同樣是孩子成長的重要一部分。

❖ 2. 父母的完美主義與挑剔

許多父母具有完美主義傾向，對孩子的要求苛刻，對孩子的每一個小錯誤都無法容忍。這種過度挑剔的態度會使孩子在做事時感到極大的壓力。尤其是在學業上，當孩子寫作業或考試時，如果父母不斷指責、修正孩子的每一個錯誤，孩子會變得焦慮、拖延，甚至可能出現強迫症狀。這樣的教育方式，雖然源於父母對孩子的愛和期望，但如果過於極端，會對孩子的心理造成負擔。

❖ 3. 父母的焦慮情緒對孩子的影響

有些父母在面對孩子的健康問題或生活中的困難時，會表現出過度的焦慮和不安。他們不斷地關注孩子的一舉一動，經常給予過度的關心和指導。這種過度焦慮和控制會讓孩子感到壓力，可能導致孩子變得過於敏感、內向，甚至產生自卑情緒。孩子可能會感覺到自己的能力不足，缺乏自信心，這樣會影響他們的情緒發展和社交能力。

❖ 4. 父母的否定與打罵

一些父母對孩子的期望過高，總是將自己的期望強加於孩子。他們希望孩子能夠比自己小時候做得更好，指責孩子的每一點缺點。這種過度的否定和打罵會讓孩子感到自己不夠好，甚至失去自信。當孩子在面對挑戰時，可能會選擇放棄，或在情緒上表現出不安和叛逆。例如，某個 5 歲的孩子，由於總是遭到媽媽的指責，對自己的能力缺乏信心，最終選擇用發脾氣來表達內心的不滿。這種情況反映了父母未能給予足夠的正向支持和鼓勵。

❖ 5. 父母的自我反省與放鬆

面對孩子的成長問題，父母首先應該自我反省，尋找自己的心理狀況和教育方式中可能存在的問題。父母過度的焦慮、挑剔或是過高的期望，往往是孩子行為偏差的根源。當父母能夠放鬆心態，減少對孩子的過度介入和控制時，孩子也會變得更加自信，能夠自主解決問題。放鬆自己，讓孩子在健康的環境中自由發展，是解決問題的根本之道。

轉移規律：父母的心理影響孩子的成長

父母心理的影響力

　　父母的心理狀況和教育方式在很大程度上影響著孩子的心理發展和行為表現。過度的焦慮、挑剔和不切實際的期望會對孩子造成心理上的壓力，進而影響他們的成長。父母應該意識到自己行為的影響，透過自我反省，調整教育方式，放鬆對孩子的過度關注和控制，給予孩子足夠的空間和信任，讓他們在自由和支持中健康成長。

第五章　教育的本質

走出自己的教育模式：培養創造型人才

在許多家庭中，父母總是以自己認為最合適的方式來教育孩子，期望孩子能夠聽話、順從、守規矩。這種模式看似能夠管教孩子，卻常常忽視了孩子的獨立性和創造力，對孩子的未來發展造成了極大的局限。

父母的教育模式對孩子的影響

有一位小朋友，原本聰明活潑，對任何事物都充滿好奇心，喜歡動手探索。但他父親卻強行進行「正統」模式的教育，凡事要求孩子聽話，過度的管束和指導他。孩子的天性逐漸被壓抑，變得不再敢表達自己，甚至在學校上課時也因為害怕受到訓斥而不敢發言。這樣的教育方式使得孩子的獨立性和創造力逐漸消失，成為一個「小綿羊」，只知道服從而缺乏自主性。

21 世紀對創造型人才的需求

當今社會所需要的，是擁有創新思維、敢於挑戰和突破的創造型人才。過去的傳統教育模式或許能培養出遵守規則、按部就班的人才，但在競爭激烈的現代社會，僅僅依賴遵守規則和服從命令已經無法幫助孩子成功。孩子們需要的是能夠在未來的挑戰中發揮創造力的能力。正如 21 世紀的教育所強調的，成功的關鍵不僅在於經驗累積，更在於創新能力的培養。

走出自己的教育模式：培養創造型人才

解放孩子的創造力

父母應該摒棄傳統的「聽話乖巧」模式，轉而關注如何培養孩子的創造力和獨立思考能力。孩子不是繼承產業的人，而是創造產業的人。因此，父母應該給予孩子更多的自由空間，讓孩子有機會探索、創造，並且積極參與到各種創造性活動中。

對孩子來說，創造力的養成並非一蹴而就，而是需要在日常生活中不斷培養。父母應該提供一個開放、支持、充滿創意的環境，鼓勵孩子多動腦、多動手，透過各種形式的創新活動來激發孩子的創造興趣。這不僅是對孩子能力的培養，也是對孩子心智和情感的鍛鍊，幫助孩子在未來的社會中脫穎而出。

父母的角色轉變

作為父母，應該從「傳授者」的角色轉變為「引導者」和「支持者」。不要試圖強行把自己的意志和期望強加給孩子，而是應該尊重孩子的選擇，鼓勵他們在失敗中學習，在挑戰中成長。這樣的教育方式能夠幫助孩子建立自信心，培養他們的創新思維，使他們成為適應未來社會的人才。

創造性教育的未來

當今社會急需創新型人才，而父母的教育模式對孩子的成長有著深遠的影響。父母應該放下過去的傳統觀念，改變對孩子的教育方式，給孩子更多的自由和空間，讓他們能夠在不斷的探索和創新中找到自己的道路。只有這樣，我們才能培養出具有創造力和獨立思考能力的現代人，為未來的競爭和發展做好準備。

第五章　教育的本質

培養完整人格的基石

在家庭教育中，尊重孩子的天性對於促進孩子的身心發展具有至關重要的作用。父母應該根據孩子的興趣和天性來引導教育，而不是一味地強迫孩子遵循成人的規則和期待。這不僅有助於孩子形成健全的人格，還能培養他們對生活的熱愛和探索精神。

觀察孩子的好奇心

孩子天生對周圍的事物充滿好奇。在大人看來微不足道的小事，往往能引發孩子無窮的想像和思考。例如，當孩子走在街上看到汽車澆水時，他可能會產生一連串的疑問：汽車為什麼會流出水？水是從哪裡來的？樹是否也像人類一樣需要水？這時，作為父母，應該尊重孩子的這份好奇心，而不是急於讓他離開或指責孩子浪費時間。這正是孩子透過大量單向思維來不斷增加認知、累積經驗的過程。這些微不足道的小事，對孩子日後的認知能力和智慧發展至關重要。

孩子的探索：父母的積極參與

很多父母會在孩子的口袋裡發現一些小石子、揉皺的畫片，這些對成人來說不過是些無聊的小東西，但對孩子而言，這是他們對世界的探索和理解。當孩子發現石子像小貓或娃娃，甚至把它們當作「雨花石」，這時父母應該參與其中，而不是干涉或輕視。父母可以和孩子一起探討這些小物品，甚至可以將它們組成新的圖形或故事。這樣的互動不僅能增進親子關係，還能促進孩子的創造力和想像力發展。

培養孩子對生活的熱愛

在孩子成長的過程中，學習固然重要，但如果生活中只有學習，而缺少其他的探索和發現，孩子可能會覺得生活過於單調和乏味。這種單一的生活方式會導致孩子出現不健康的心理問題，如厭學、易怒、情感脆弱等，甚至影響孩子的認知能力、成就感和上進心。當孩子的生活缺乏多樣化的內容時，他們可能會對周圍的事物表現出冷漠。

因此，父母應該了解到，孩子對世界的好奇和熱愛是他們了解生活、理解生活的開端。在家庭教育中，父母應該鼓勵孩子探索身邊的事物，尊重孩子的興趣，並積極參與孩子的探索過程。這樣的教育方式有助於孩子健康成長，並培養他們對生活的熱情和好奇心。

尊重與引導，培養孩子健康成長

在孩子的成長過程中，尊重孩子的天性並引導他們發展是至關重要的。父母應該為孩子提供一個開放、支持的環境，鼓勵他們自由探索並表達自己的想法。這不僅能夠幫助孩子發展出健康的心智和良好的人格，還能激發他們的創造力和想像力，讓孩子在生活中獲得更多的快樂和成就感。

第五章　教育的本質

讓孩子擁有玩耍的自由

　　遊戲對孩子的發展有著不可忽視的作用，對於父母而言，提供孩子自由玩耍的空間至關重要。遊戲不僅是孩子的娛樂，更是他們學習、成長和社交的寶貴途徑。隨著社會對學業成績的重視，許多父母過於強調學習，常常忽視了遊戲對孩子心理和智力發展的益處。

遊戲是孩子的工作

　　遊戲不僅是孩子的娛樂，它也是一種必要的智力開發過程。在遊戲中，孩子們能夠體會競爭與合作，學會如何面對成功和失敗。正如一位學者所說：「小孩子的工作就是遊戲。」這不僅僅是休息時間，而是孩子們大腦發展的一部分。遊戲幫助孩子發展創造力、問題解決能力和社交技能，這些都是他們學業之外的重要特質。

剝奪遊戲的後果

　　許多父母過度關注孩子的學習，認為玩耍是浪費時間，從而限制孩子的遊戲時間。然而，研究表明，缺乏適當的遊戲時間會對孩子的情緒和心理健康產生不良影響。孩子如果無法自由玩耍，可能會變得情緒低落、內向，甚至影響到他們的社交能力和學習動力。正如專家所說，童年時期過少的玩耍會導致情緒問題，甚至損害孩子的心理健康。

遊戲與學習的平衡

雖然學業是孩子的主要任務，但遊戲在孩子的生活中同樣占有不可或缺的地位。孩子在玩耍的過程中，不僅能增強體力，還能提升他們的思維能力、創造力和解決問題的能力。遊戲也能幫助孩子發展社交技能，學會與他人合作、解決衝突，增強人際關係。

孩子需要玩，父母不應該限制

父母應該理解，遊戲對孩子的成長是至關重要的。孩子在玩耍中學習到的東西，往往比書本上學到的更為深刻。適當的遊戲可以幫助孩子放鬆心情，減少壓力，促進他們的身心健康。只要遊戲不過度干擾學習，父母應該尊重孩子的遊戲需求，讓他們擁有充分的時間進行遊戲。

為孩子創造全面發展的環境

遊戲對孩子的全面發展至關重要，父母應該意識到，遊戲不僅不會妨礙孩子的學習，反而能幫助他們在學習和生活中取得更好的成果。適當的遊戲時間，能讓孩子保持積極的學習態度和健康的心理狀態。因此，父母應該給予孩子更多的自由，讓他們在愉快的遊戲中發現自我、發展創造力，學會與他人合作，共同成長。

第五章　教育的本質

如何選擇家教

隨著競爭壓力的增大，越來越多的父母選擇為孩子請家教來提高學業成績或發展特長。家教的選擇是一個需要慎重考慮的問題，這不僅關係到孩子的學業發展，也涉及到孩子整體水準的提升。下面是一些關於如何選擇家教的重要建議。

了解孩子的需求

在決定是否請家教之前，父母應該首先分析孩子學習成績不理想的原因。學習成績差可能由多種原因引起，除了學科知識基礎不足，還可能是學習方法不當、缺乏學習興趣、情緒波動等非智力因素所致。了解這些原因能幫助父母有效率地選擇家教。

分析孩子的學習態度

孩子的學習態度對學習效果有著直接的影響。若父母單方面要求孩子學習，且未充分調動孩子的積極性，則可能適得其反。因此，父母應該了解孩子的興趣和態度，進行有效的溝通，讓孩子對學習產生主動性。

注重家教的選擇

選擇家教時，父母應該綜合考慮教師的專業能力和教學能力。有些教師擁有很高的專業水準，但不擅長與孩子溝通，可能會讓孩子感到壓力過大，反而影響學習動機。因此，選擇一位既有專業知識又有教學經驗、能夠激發孩子學習興趣的教師是至關重要的。

根據孩子的具體情況選擇教師

在選擇家教時，父母應根據孩子的具體情況進行選擇。對於某些學科有特長的孩子，可以請專業教師來進行深入的學習；對於學習有困難的孩子，則應選擇一位能夠幫助孩子突破學習瓶頸、改善學習方法的教師。

與學校老師合作

在請家教之前，父母最好先與班主任或科任老師進行溝通，了解孩子在學校的學習狀況。老師可以提供一些具體的建議，幫助父母選擇最適合孩子的家教。此外，學校老師還可以幫助家教了解孩子的學習進度和困難，有助於教師進行輔導。

確定請教師的具體目的

家教的目的是幫助孩子提升學業成績或發展特長，因此父母在選擇教師時應該有明確的目標。如果孩子需要補強某一學科，可以請專業教師；如果孩子有興趣發展某項特長，則可以請專業的教師。了解孩子的需求，選擇合適的教師，能夠達到事半功倍的效果。

選擇合適的家教

在選擇教師時，父母應該詳細了解教師的背景和經歷，最好透過專業的仲介機構來尋找合適的家教。如果選擇自行請教師，則可以先了解教師的口碑和過往的教學經歷，避免盲目選擇。

第五章　教育的本質

助力孩子的成長

請家教是提高孩子學習成績的一種有效方式，但選擇適合的教師更為關鍵。父母應該根據孩子的需求、態度和學習狀況來選擇家教，在過程中與教師和學校老師保持密切溝通。選擇一位既有專業知識又懂得如何引導孩子的教師，將有助於孩子在學業上取得更好的成績，促進他們的全面發展。

第六章
掌握教育的智慧

第六章 掌握教育的智慧

讓孩子發揮天賦

小男孩亮亮常常會問爸爸媽媽許多充滿好奇心的問題：

「月亮為什麼老跟著我走？」

「為什麼前幾天的月亮是圓的，今天的月亮不圓了？」

「月亮和太陽哪個大？」

「天上的星星為什麼不會掉下來？」

有時候，這些問題讓爸爸媽媽難以回答，讓他們有些無奈。

當孩子提出這些天真又奇怪的問題時，父母應該如何對待呢？有些父母珍惜孩子的好奇心，耐心地引導他們探索這些問題，激發了孩子的創造性思維；然而也有些父母因為覺得麻煩，選擇忽視或簡單粗暴地回應，結果卻抑制了孩子的智慧火花。

創造良好的環境氣氛

首先，為了培養孩子的創造性思維，父母需要為孩子創造一個有利的環境。這個環境不僅僅是物理空間的安排，更是心理上的支持。父母要創造一個能讓孩子自由表達、自由探索的氛圍，即使有時父母不同意孩子的觀點，也應該讓孩子感受到自己想法的價值。鼓勵孩子提出問題並進行討論，這是打開創造性思維的大門。

尊重孩子的獨特性

孩子的每一個問題和好奇心，都是探索世界的開始。父母應該尊重

孩子的獨特性，珍惜他們的好奇心，鼓勵他們從不同的角度看待問題，而不是將自己的觀點強加於孩子。過多的指導和限制會壓制孩子的想像力，讓他們只停留在模仿的階段。父母應該允許孩子自由地表達自己的思考，並給予他們適當的指導，讓孩子在無壓力的環境中發揮創意。

提供多樣化的活動

孩子的創造力往往在遊戲、繪畫、音樂、閱讀等活動中得以表現。父母可以為孩子創建一個自由遊玩的空間，提供各種能激發創意的材料。讓孩子有足夠的時間和機會參與這些活動，能有效促進孩子的創造性發展。家中可以設置一個小小的遊戲區域，讓孩子自由發揮，從遊戲中學習和成長。

啟發孩子的思考

父母應該教孩子學會思考，而不是簡單地給出答案。當孩子提出問題時，父母不應該直接回答，而是應該啟發孩子的思考，幫助他們形成自己的解答。例如，帶孩子參觀自然界，觀察動植物的變化，並問一些引導性問題，比如「為什麼樹葉會變色？」或者「螞蟻是怎麼工作的？」這些問題能促進孩子的思維發展，激發他們對世界的好奇心和探索精神。

給孩子創造性遊戲的機會

遊戲是孩子發展創造力的重要途徑。在遊戲中，孩子會進行試驗、發現問題並解決問題，這些都能幫助他們提升思考能力。父母可以和孩子一起做創意遊戲，像是用積木搭建模型，或者編寫小故事，這樣的活動不僅能增強孩子的創造力，還能增進父母與孩子之間的親子關係。

第六章　掌握教育的智慧

鼓勵孩子提問並探索

每個孩子都有無限的創造潛力。當孩子提問時,父母不應該簡單地敷衍,而是要與孩子一起思考,幫助他們找到問題的答案。這不僅能提升孩子的知識儲備,更重要的是培養孩子的思考能力。當孩子遇到無法回答的問題時,可以告訴他們:「這個問題很有趣,我們一起查找資料來解答。」這樣的方式能讓孩子學會如何尋找答案,並養成獨立思考的習慣。

每個孩子都有成為天才的潛力

每個孩子都是天才的種子,父母只需要提供適當的環境和支持,就能激發孩子的創造潛力。尊重孩子的好奇心、鼓勵他們思考並提供探索的機會,能讓孩子的創造力得到充分發揮。在這個過程中,父母應該成為孩子的引導者和支持者,幫助孩子發現世界的無限可能,並培養他們成為具有創造性和獨立思考能力的人。

幫助孩子理解家規的重要性

家規在孩子的成長過程中扮演著至關重要的角色。父母應該幫助孩子理解遵守家規的必要性，讓孩子明白服從規則不僅能為自己帶來好處，還能促進與他人之間的和諧關係。這樣，孩子會自覺地遵守規則，成為規則的執行者。

例如，孩子在玩完玩具後收放整齊，這樣做不僅能保護玩具，使玩具得以長久使用，也能讓玩耍變得更方便。又如，不能打人罵人，這樣做會帶給他人痛苦，並且影響人際關係，讓別人不再願意與自己友好相處。孩子完全能夠理解這些道理，當他們了解這些規則背後的原因後，會更加願意遵守它們。

規則要簡單明確

父母為孩子定下的規則應該是必須的、能夠實現的，不應該過多或過於複雜。可以先讓孩子掌握和遵守一些簡單的基本規則，當孩子能夠做到後，再逐步增加新的規則。例如，生活作息制度是最基本的規則之一，要求孩子按時起床、睡覺、吃飯等；每項活動也應有固定的流程，如飯前洗手，吃飯時不亂跑等。

此外，家庭中的一些文明行為規則也十分重要，如尊敬父母和長輩、對待小朋友要友善、不打人、不罵人、尊重他人的物品等。這些規則有助於孩子養成良好的品德，促進其社交能力的發展。

第六章 掌握教育的智慧

強調社會公德

除了家庭規則,父母還需要教導孩子遵守基本的社會公德。例如,不隨地吐痰、亂丟垃圾、不隨地大小便等。這些基本的社會規範有助於孩子理解與他人共處的基本禮儀,對孩子的社會化發展有著重要作用。

執行家規需有趣味

執行家規不應只是單純的指令和命令,父母可以運用生動、形象的方式向孩子講解規則,使之更加吸引孩子的注意。例如,當家裡有客人來時,孩子可以主動問候並幫助大人招待客人,這樣不僅能夠讓孩子感受到家庭的熱情與溫暖,還能增強他對家規的認同感。

情感的感受對家規教育至關重要。父母要幫助孩子從內心體會到遵守家規的意義和樂趣,例如幫助家人、對朋友友好、體會到遵守規則帶來的成就感。當孩子在實踐中感受到遵守規則所帶來的愉快感受時,他們會更願意主動遵守規則。

家規是孩子成長的指南

家規是孩子成長過程中的指南,父母的耐心指導與鼓勵能夠幫助孩子理解規則的重要性,並將其內化為自覺行為。透過簡單明確的規則設置、情感的融入以及社會公德的灌輸,孩子將能夠養成良好的生活習慣和人際交往能力,並在遵守規則的過程中,感受到快樂與成就。

計時隔離：行為矯正方法

在英語中，「time-out」原本是一個體育比賽中的術語，表示「暫停」，然而在美國的家庭和學校中，它有了不同的意涵。如今，「time-out」被廣泛用來描述一種行為矯正方法，父母或老師會使用這種方法懲罰一時不規矩或過度活躍的孩子。

具體實施過程

以一個具體的例子來說，四歲半的湯姆和兩歲半的弟弟因為爭玩具而發生爭執，弟弟哭了。在父母幾次勸告無效後，他們決定執行三分鐘的「計時隔離」。湯姆被帶到自己的房間，開始了隔離過程。儘管湯姆在隔離過程中一直哭泣，感到非常委屈，父母依然堅持按時執行。父親守在門口，而母親雖然焦急，仍然嚴格遵守三分鐘的規定。當時間結束後，湯姆被抱出並與父母進行了一次耐心的對話，事情也隨之平靜下來。

為何有效？

「計時隔離」之所以能夠達到矯正作用，部分原因在於它提供了孩子冷靜下來的時間和空間，讓他們在短暫的孤立中反思自己的行為。這不僅是一種情感上的威懾，也讓孩子感到自己的行為受到了家長的關注和限制。美國的法律規定，兒童必須隨時有成人陪伴或看護，因此孩子在隔離中不會感到被忽視或孤立。然而，隔離本身所帶來的情感震撼，對孩子有強大的心理威懾力，讓他們意識到不良行為所帶來的後果。

第六章 掌握教育的智慧

不僅是懲罰，也是教育

「計時隔離」不僅僅是懲罰行為，它也具有教育意義。這一過程讓孩子明白，自己與其他孩子的行為是不同的，並且能夠學會在隔離後冷靜地反思自己的錯誤。這樣，父母或教師能夠在不過度介入的情況下，促使孩子進行自我修正。

「計時隔離」是美國父母常用的一種有效矯正孩子行為的方法。它不僅能夠在短期內讓孩子冷靜下來，還能達到教育作用，幫助孩子了解到自己的行為問題，進而改正。透過這一方法，孩子學會了承擔後果，也能夠更好地調整自己的行為，進而發展出健康的心理和行為模式。

同伴的影響力

　　社會化是指人從剛出生時的生物人逐漸變成社會人的過程。在這一過程中，孩子學會如何與他人交往、理解社會規則、建立自我認同，並獲得在社會中生存的能力和方法。這一過程不僅在家庭中發生，還在社會中進行，而同伴的影響力對孩子的社會化有著至關重要的作用。

家庭對孩子社會化的初步影響

　　當孩子年幼時，家庭是孩子社會化的首要場所。兩三歲的孩子通常會像媽媽的小影子一樣，整天跟隨在父母身後，學習語言、行為和基本的社交規則。父母是孩子最初的教師，透過日常的溝通和潛移默化的影響，父母幫助孩子學會如何在家庭中與人相處。

同伴對孩子社會化的深遠影響

　　隨著孩子年齡增加，特別是五、六歲時，同伴開始對孩子的行為和價值觀產生更大影響。許多孩子會開始模仿同齡人，甚至在一些事情上表現出與父母要求不同的行為。例如，一個孩子可能不願意吃某種食物，但當他與其他孩子一起吃飯時，看到大家都吃，他也會跟著吃。這種行為並非單純的模仿，而是由於同伴間的社會化作用，孩子希望融入群體，從而改變自己的行為。

社會化的具體例子

例如,在孩子面對醫院打針這一情境時,單靠父母的勸告往往無法改變孩子的恐懼感,但如果孩子與其他不怕打針的孩子一起,可能會因此受到影響,變得勇敢起來。這就是同伴社會化的一個典型例子,同齡人的行為和態度能對孩子產生強大的示範作用。

同伴文化的影響

孩子隨著年齡的增加,開始發展出屬於自己群體的文化和價值觀。例如,13、14歲的國中生會有自己獨特的穿著風格、用語和娛樂愛好,這些都會受到同伴的影響,而與父母的文化和價值觀越來越不一致。在這一過程中,父母的影響力逐漸減弱,而同伴的影響力則越來越大。

父母的角色與妥協

作為父母,應該意識到自己無法完全掌控孩子的所有行為,尤其是當孩子進入青春期時,與同伴的關係會成為他們生活的中心。父母應該學會適時妥協,尊重孩子在同伴中社會化的過程,讓孩子在這一過程中成長並獲得自我認同。尤其是當孩子逐漸獨立時,父母應該給予他們更多的自由,讓孩子在同伴的影響中發展自己的價值觀。

孩子的社會化過程既在家庭中發生,也在社會中,特別是在與同伴的交往中。同伴的影響力在孩子成長過程中越來越大,父母應該了解到這一點,尊重孩子在同伴中社會化的需求,並適當調整自己的教育方式。讓孩子在同伴中學會合作、競爭和自我發展,是培養其社會適應能力和人際交往能力的關鍵。

教育孩子的習慣

每個孩子在出生時都擁有潛在的能力，這些潛能會在他們的成長過程中逐步發揮，取決於父母如何表達愛與教育他們。良好的教育習慣能夠促進孩子的正向發展，塑造出健全的個性和穩定的心理。要改變孩子的行為，父母必須首先從自己做起。父母的行為直接影響著孩子，建立榜樣是教育孩子的最佳方式，透過自身的示範來教導孩子遵循道德規範。

培養孩子的靈性品格

靈性品格的培養比單純的智力開發更為重要。父母應關注孩子的心靈成長，幫助他們建立正確的價值觀和道德觀，從而奠定孩子成為有道德責任感的成人基礎。

建立良好的自我價值觀

父母應該積極鼓勵孩子，幫助他們建立強大的自我價值觀。孩子對自己能力的認可，將直接影響他們的自信心和對生活的正向態度。

接納孩子的情緒

當孩子表達情緒時，父母應該接納並理解。情緒是孩子行為的根源，只有當他們的情緒得到肯定與理解時，他們的行為才會得到改善。

第六章　掌握教育的智慧

設立清晰的家規

家庭規則能為孩子提供安全感和明確的界限，父母應設立簡單且實用的規則，並在家庭會議中與孩子一起討論規則的調整，促進家庭成員之間的相互尊重和支持。

給孩子選擇的權利

在適當的範圍內給孩子選擇的權利，能讓孩子學會承擔責任，並提升他們的獨立性。這樣能幫助孩子發展自我價值觀，並培養決策能力。

引導孩子參與遊戲

遊戲是孩子學習的重要方式，能夠促進孩子的專注力和解決問題的能力。父母應提供足夠的自由活動時間，讓孩子在遊戲中探索、創造並學會與他人互動。

正面引導孩子的行為

父母在教育孩子時，應使用正面語言來告訴孩子應該做什麼，而不是僅僅強調不應該做什麼。這樣能幫助孩子更清楚地知道該如何做出正確的行為。

單獨陪伴孩子

每天抽出時間與孩子單獨相處，進行共同感興趣的活動，能夠增強父母與孩子之間的情感連繫。父母作為孩子的支持者和陪伴者，應尊重孩子的情感需求，並在他們面對挑戰時給予適當的支持。

讓孩子自主選擇

提供孩子做決定的機會,讓他們在成長中學會選擇並承擔後果,這對培養孩子的獨立性和責任心至關重要。

培養孩子的全方位發展

父母在孩子的教育中擔任著至關重要的角色。透過樹立榜樣、積極鼓勵、提供選擇和建立良好的家庭規則,父母能夠有效地引導孩子走向健康、成功的人生。這樣的教育習慣不僅能塑造孩子的智力,更能促進他們的情感和社會能力,最終幫助他們成為有責任心、有創造力的成人。

第六章　掌握教育的智慧

讓孩子感受到賞識

有一位老師與他的學生談心，談到學生家裡的事時，學生沉默起來，傷心地淚水順著臉頰往下流。在老師的啟發下，她說：「其實，我知道父母對我好，也很關心我，但他們的關心實在讓人接受不了。每次考試，考得好時，他們就說比你考得好的人多著呢，有什麼了不起；考得不好時，他們輕則唉聲嘆氣，沒完沒了地數落你，重則高聲訓斥，甚至痛打一頓。老師，有時我覺得活得很累，總感覺自己很笨，怎麼學也比不上別人。」

隨著升學競爭的激烈，學生在家裡受責罵多、受表揚少；受諷刺多、受鼓勵少。其原因是，父母對學生的要求、期望太高，總用放大鏡來看孩子的缺點。其結果是，孩子沒有了上進心，增加了自卑感，從而產生了無所謂心理及叛逆心理。

欣賞與愛的教育

這種現象的產生，與其說是學生的問題，還不如說是父母的問題。心理學家曾說過：「人類本質中最殷切的需求是渴望被賞識。」賞識，指的是充分了解一個人的正面因素，並加以肯定與讚賞。對於成長中的孩子來說，賞識教育能發現孩子的優點和長處，激發他們內在的動力。讓孩子感受到父母的賞識，會幫助孩子克服自卑，建立自信心，並發揮最大的潛能。

培養自信心的關鍵

父母有必要學一些教育學和心理學知識，了解現代教育的特點與規律，學會了解、尊重、賞識和理解孩子。賞識教育是一個非常有效的方法，可以促使孩子發揮最大潛能，走向成功。當孩子從父母的眼中看到他們的愛與信任，這種自信的基石將促進孩子的成長。

賞識孩子的藝術

賞識孩子的過程要具備一定的藝術性。父母應該以賞識的眼光去看待孩子，並及時讚美他們的每一點進步。即便孩子犯錯，也不要急於責罵，應該以婉轉且富有啟發的方式指出不足，同時保護孩子的自尊心。這樣，孩子才能從父母的態度中感受到愛與支持，進而激發自信。

自信是成功的基礎

自信是健康心理的重要特質。父母的賞識能幫助孩子建立起良好的自我價值觀，這是促使孩子形成自信心的關鍵。根據孩子的性格特點，父母應進行有針對性的引導，幫助孩子樹立自信、培養自賞能力。

家庭與學校的合作

家庭與學校同步開展賞識教育，會事半功倍。父母不應該與其他家長比較自己的孩子，因為每個孩子都有自己獨特的成長軌跡。創造條件讓父母參與賞識教育，能夠幫助孩子增強自信心，並朝著成功邁進。

適度的讚美

賞識應該適度，過度的誇獎可能會導致孩子的虛榮心，並對孩子的發展產生不利影響。父母應該根據孩子的實際情況，對孩子的良好表現給予恰如其分的讚賞。誇獎不應過度，而指責則應該謹慎。

賞識引向成功

賞識是一種激勵，也是幫助孩子了解自我價值的途徑。透過賞識教育，父母不僅能幫助孩子建立自信心，還能激發他們的潛能，從而走向成功。相對於抱怨，賞識教育能創造良好的學習氛圍，促使孩子保持樂觀心態，勇於挑戰未來。

抑揚有度的教育藝術

父母表揚孩子的好思想、好行為,是正向教育的一部分。這樣的表揚能激發孩子的自信心,促進其健康成長。然而,如何正確且有效地進行表揚呢?這需要父母掌握「抑揚有度」的藝術。

表揚要及時

表揚應該在孩子的行為發生之後及時給予。這樣,表揚才能有效強化孩子的正向行為。如果表揚過遲,孩子已經忘記了自己曾做的事,這時再給予表揚,效果便會大打折扣。

表揚要具體

表揚的內容需要具體,否則無法讓孩子明確知道自己哪些行為值得肯定。單純地說「你真能幹」或者「你真聽話」這樣的表揚過於籠統,孩子不清楚具體是哪些行為被認可。父母應該指出具體的行為,這樣才能真正發揮表揚的效果。

表揚要適度

過度的表揚可能會讓孩子產生驕傲自滿的情緒,甚至影響其進步。而過少的表揚會讓孩子缺乏動力和信心,影響心理健康。父母需要掌握好表揚的分寸,適時、適量地給予鼓勵。

第六章　掌握教育的智慧

表揚要有針對性

父母應該根據孩子的具體情況來給予表揚，而不是僅僅針對成績或表面行為作評價。例如，對那些比較內向或個性較弱的孩子，可以多給予肯定，這樣能夠幫助他們增強自信心。而對於虛榮心較強或過於驕傲的孩子，則應該慎重使用過度表揚，避免助長其不良性格。

責罵的藝術

責罵是父母教育孩子過程中的另一重要部分，但不當的責罵會帶來負面效果。如何罵孩子才能達到最佳的教育效果呢？

嚴格對待危險行為

當孩子的行為可能危及到自身安全時，父母應該果斷、嚴厲地制止。比如，當孩子在危險的地方玩耍，或者玩火、接觸危險物品時，父母需要立刻採取行動，防止意外發生。

當下責罵

責罵應該當場進行，因為時間久了孩子很可能忘記自己的行為，這時再進行責罵的效果會大打折扣。

責罵時保持一致

家庭成員對孩子的責罵應該保持一致，避免不同的意見讓孩子感到困惑。最好是由一位家長作為代表，其他人則要支持並協助，避免讓孩子處於矛盾的情境中。

先表揚後責罵

責罵時,可以先表揚孩子的優點,再指出其不足。這樣的方式更容易讓孩子接受,也能讓他們從中獲得改進的動力。

控制情緒,避免衝動

責罵孩子時,父母應該冷靜,避免情緒化的責罵。衝動的責罵可能會加劇孩子的反感,讓孩子感到被不公平對待。

責罵是為了改正

責罵的目的是幫助孩子改正不良行為,而不是發洩情緒。父母應該以指導性和建設性的方式責罵,讓孩子明白錯誤的原因並學會如何改正。

責罵要合適的時機

不要在孩子吃飯前或者情緒低落時責罵,這樣會影響孩子的食慾和情緒。選擇合適的時機進行責罵,可以提高責罵的效果,避免不必要的衝突。

掌握抑揚之道,達到理想教育效果

在教育孩子的過程中,表揚和責罵的藝術是至關重要的。父母應該適時、具體、適度地表揚孩子,同時用正確的方式進行責罵。透過這樣的方式,孩子能夠更好地理解自己的行為,增強自信心,並在父母的引導下健康成長。

第六章 掌握教育的智慧

無聲的影響力

　　父母在孩子的教育中，應該運用不同的方法來引導孩子的行為。暗示教育是一種既不打擊孩子自尊心又能有效指導孩子行為的方式，透過肢體語言和環境設置來潛移默化地影響孩子，讓他們在無形中改正行為並養成良好的習慣。

正確的暗示教育

　　在公共場合，孩子不小心做出失禮行為時，父母應該如何應對呢？有的父母選擇當場指責，但這樣的指責可能會讓孩子感到尷尬和反感，進而激化矛盾。相比之下，父母若使用暗示教育，透過輕輕的肢體語言（如輕觸孩子的身體），能更好地保護孩子的自尊心，同時有效地改正不當行為。

暗示教育的關鍵

　　暗示教育的根本在於尊重孩子的情感，避免強迫或責罵，讓孩子在自然、無壓力的情境下接受指導。這種教育方式能夠讓孩子無需直接的言語指令，而是自發地修正行為並反思自我。

透過環境設置進行暗示教育

　　環境對孩子的教育有著潛在的影響作用。父母可以從日常環境入手，為孩子創造一個正向的學習和生活氛圍。例如，家庭中可以掛上名

人的畫像並介紹其事蹟，讓孩子在不經意間從這些榜樣中受到啟發。此外，設置一些激勵性的家訓或目標清單，也能間接地促進孩子養成良好的行為習慣。

行為代替語言

有時，行為本身比語言更具有教育的力量。比如，在孩子未能遵守某些習慣要求時，父母可以透過自己的行為示範來提醒孩子。當孩子看到父母自己在做某件事時（如準時休息），這樣的非語言暗示能夠有效地促使孩子行為改變。

自我反思與暗示教育

孩子的自我了解是暗示教育的另一個重要方面。父母可以讓孩子進行自我反思，透過寫信給自己或他人，讓孩子在表達中進行自我檢討並了解到自己的不足，這樣的教育方式既能避免對抗，也能達到良好的教育效果。

用心的暗示教育，助力孩子的成長

暗示教育強調在日常生活中為孩子創造正向的引導環境，讓孩子在潛移默化中改正行為並養成良好的習慣。這種無聲的教育方式能幫助父母有效地與孩子溝通，避免了直接責罵和壓力，促進了孩子的自我認知和成長。

第六章　掌握教育的智慧

體罰為最後手段

在孩子的教育中，體罰這個問題常常引起爭議。對一些父母而言，體罰被視為教育孩子的一種手段，但要做到合適、恰當的使用，避免過度。當孩子反覆犯錯，無論如何說服、教育都無效時，體罰或許成為最後的選擇。然而，這種教育方式必須謹慎使用，應該要適度並且符合情理。

體罰的原則

父母在體罰時，應該遵循一些基本的原則。首先，體罰應該是有目的的。只有在孩子屢犯同樣錯誤，且其他教育方法無效時，體罰才應該成為最後的手段。其次，體罰的方式和力度應該掌握好，絕對不應該過度，否則可能會對孩子的身心造成傷害。重要的是，父母在實施體罰前要冷靜，不能在氣頭上做出衝動的決定。

父母與孩子之間的溝通

在體罰過後，父母應該與孩子進行充分的溝通，讓孩子了解自己為何會受到懲罰，這樣孩子才能明白錯誤的根源，而不會對父母的懲罰心生怨恨。與其單純依賴懲罰，父母應該以理服人，幫助孩子意識到自己的錯誤，指引他們如何改正。

體罰的效果與風險

適當的體罰能對孩子產生一時的震懾效果,幫助他們記住錯誤,避免重覆。但是過度依賴體罰會損害親子關係,導致孩子對父母失去信任。這也是為什麼體罰應該被視為最後手段的原因。更重要的是,父母在處理孩子的問題時,應該優先選擇非暴力的教育方式,諸如溝通、理解和引導。

以行為和溝通為主的教育方法

與其倚賴體罰,父母應該更注重日常行為的引導和溝通。教育孩子應該更多地依賴正向的激勵和引導,從而促使孩子內化正確的行為和價值觀。當孩子知道自己錯了,並且能夠從中學到改正錯誤的辦法,這比單純的體罰更有利於孩子的成長。

雖然體罰有時可以作為一種教育手段,但它應該謹慎使用,並且不能成為日常教育的主要方式。父母應該更加注重正向的教育方法,並將體罰作為最後的手段,確保在教育過程中保持孩子的自尊和信任。

第六章　掌握教育的智慧

父母不必過於熱情

有些孩子充滿熱情，總是積極參與學校活動，願意為班級貢獻。這樣的孩子值得讚賞，但對於父母來說，如何適當引導孩子學會自我獨立，不過度插手，卻是一個需要思考的問題。以下透過童童的故事來探討父母應如何在支持孩子的同時，避免過度介入。

讓孩子自己面對挑戰

有個叫張帆的孩子，主動攬下了班級負責畫海報的任務，他本想讓擅長美術工作的媽媽幫他完成，但他媽媽說：「既然是你答應下來的，你就應該自己做，媽媽不管。」沒辦法，張帆靜下心來，思考構圖，翻箱倒櫃找資料，忙了一個晚上，完成了一份不錯的海報。張帆笑了，媽媽也笑了。在老師的表揚與同學們的稱讚聲中，張帆感受到了經過努力獲得成功與為團體出力的雙重喜悅。

可能很多父母都有過類似的經驗，因此，對待孩子攬下的任務一定要小心謹慎。有的孩子確實是希望為班上服務，這樣的想法首先是值得肯定的，但要盡量讓孩子參與到他攬下的任務當中，尤其是他能獨立做的，就讓他自己來，父母不可多插手。遇到這種情況，父母可以開誠布公告訴孩子，你幫大家做事是很正確的，但你有沒有想過，你答應的事應該由誰來做呢？是爸爸媽媽，還是自己努力去完成？甚至可以坦率對孩子講，父母不是萬能的，有些事情我們做不了，並且告訴孩子今後遇到這樣的事情，先想一想有沒有能力完成。

如果父母總是為孩子處理一切事情，反而會讓孩子失去應有的學習機會和獨立性。比如，在蒐集資料的過程中，若完全依賴父母來解決問題，這樣不僅使孩子無法從中學習，也剝奪了他自己面對挑戰的機會。

父母應該在支持孩子的過程中，適度引導孩子，幫助他學會自己思考、自己解決問題。像張帆這樣的孩子，雖然表現出強烈幫助他人的願望，但父母應該鼓勵他完成自己答應的任務，並在可能的範圍內讓他獨立完成。這樣，孩子不僅能夠為班級貢獻力量，還能從中體會到成就感。

知道「量力而行」

對於過於熱衷幫忙的孩子，父母應該教導他們「量力而行」。這不僅是對自己的能力有正確的了解，也是在培養他們面對任務時的理性思考。父母可以在不失去支持孩子的熱情的前提下，讓孩子學會反思是否具備足夠的能力來完成某項任務。

正如張帆的故事所示，當他畫海報的任務時，儘管他的母親沒有幫助他，但他最終克服了困難，完成了一份出色的海報。這不僅提升了他的自信心，也讓他體會到了努力後的成就感。

父母的適度引導

孩子的熱情值得肯定，但父母應該在支持的同時，讓孩子學會自己承擔責任和挑戰。透過適當的引導，讓孩子明白量力而行，幫助他們學會獨立解決問題，這將成為孩子成長的重要一課。父母不必過於熱情，應該更多地引導孩子培養自信、獨立與解決問題的能力。

第六章　掌握教育的智慧

第七章
啟發孩子的思維潛能

第七章　啟發孩子的思維潛能

多元智慧觀的轉變

傳統上，智慧常被理解為解決問題的能力和適應生活挑戰的能力，這樣的定義，雖然能夠解釋一部分情況，但並未能全面涵蓋人類智慧的多樣性與深度。隨著時間的推移，智慧的內涵已經從單一的測量智商，擴展到多元智慧的觀點，這對孩子的教育方式產生了深遠的影響。

傳統智力測驗主要評估孩子的記憶、語言能力以及抽象邏輯推理的能力，這使得父母和教育工作者過度依賴這些測量結果來判斷孩子的智慧水準。然而，這樣的測量方式並未能充分體現孩子的全面智慧，尤其忽略了創造力、溝通能力、自我監控能力等其他同樣重要的智慧領域。現代教育觀點認為智慧不僅包含傳統的學術能力，還應該包括孩子在日常生活中所需要的各種實踐操作能力和人際交往能力。

潛能開發比現有智力評價更為重要

新智慧觀強調，智慧的發展並非天生註定，而是受教育和環境影響極大。事實上，很多孩子即使先天智力水準較低，在適當的環境和引導下，依然能顯著提高智慧。這一點強調了「潛能開發」的至關重要性。父母應該關注孩子的潛在能力，而不是僅僅聚焦於目前的智力測量結果。

父母的正向期望與支持

在孩子智慧的發展過程中，父母的期望扮演著至關重要的角色。根據心理學中的羅森塔爾效應，父母對孩子的正向期望能顯著促進孩子智

慧的發展。當孩子遇到挑戰或失敗時，父母的支持和鼓勵能幫助孩子建立正面的自我概念，激發他們的成就動機，從而在面對困難時更有信心。相反，父母的負面期望和否定容易使孩子形成負面的自我認知，降低他們的積極性，甚至可能帶來心理行為問題。

智慧發展的規律與實踐

智慧的發展遵循「用進廢退」的原則。父母應該創造各種機會，讓孩子在面對問題和挑戰時，能夠自主思考並積極解決。在這個過程中，父母不應該事事包辦，而是應該在適當時候給予支持和指導，讓孩子在解決問題的過程中提高智慧。然而，過度保護或完全放手不管，都可能對孩子的智慧發展產生不利影響。

鼓勵與支持是關鍵

在孩子的智慧發展中，父母的支持和期望是促進其潛能發揮的重要因素。了解多元智慧的發展規律，創造性地促進孩子在不同領域的成長，才是對孩子教育最有益的方式。

第七章　啟發孩子的思維潛能

掌握孩子的智力發展

每個父母都希望了解自己孩子的發展情況，智力作為其中一個重要的指標，能夠揭示孩子未來的學習潛力和適應能力。測量孩子的智力發展，一般使用智力測驗，這些測驗旨在了解孩子在認知、理解、想像、解決問題等方面的能力，這些都是人類智慧的重要組成部分。

智力測驗的歷史與現狀

智力測驗的發展可以追溯到 1905 年，由法國心理學家比奈和西蒙首次制定了比奈－西蒙智力測驗量表，這一測量工具後來被美國心理學家推孟進行修改，成為了著名的史丹佛－比奈智力量表。該量表的誕生對智力測量領域帶來了革命性的變革，至今仍被廣泛應用於各種智力測量中。

智力的穩定性與發展

孩子的早期智力發育對未來的影響至關重要。大多數心理學家認為，智力水準在一定年齡範圍內相對穩定，特別是七至八歲的孩子，其測得的智力水準與未來智力的發展有著密切的關聯。

邊緣智力與發展問題

當智力測量結果處於 70～85 之間時，通常被認為是邊緣智力。這些孩子的發育可能會比同齡孩子稍慢，尤其是在抽象思維、理解能力、語言表達等方面。在這種情況下，孩子的學習會面臨一定困難，尤其是在未經專業培養的情況下，這種困難可能會更加顯著。

掌握孩子的智力發展

環境與培養對智力的影響

孩子智力的發展並非完全由先天決定，後天的環境與教育對智力的發展有著重要作用。研究發現，若孩子的家庭教育環境和學校教育能夠提供適宜的刺激和支持，孩子的智力有可能得到顯著提高。相反，缺乏適當的學前教育和生活訓練，可能會使孩子在成長過程中面臨智力發展的障礙。

智力障礙的早期識別

父母在孩子的早期可以觀察到一些智力發育的警示信號。例如，孩子未能在適當的時候微笑、對周圍的聲音反應遲鈍，或是未能如預期般發展基本的動作技能等，這些都可能是智力發育存在問題的表現。越早發現並介入，對孩子智力發展的幫助越大。

科學訓練與智力提升

父母對孩子智力的理解不僅應該停留在測量結果上，還應該關注如何進行有效的訓練和發展。智力測驗的結果能幫助家長識別孩子在哪些方面可能存在不足，並針對性地進行加強訓練。孩子的智力是可以在後天經過科學訓練和指導逐步提高的。

智力發展的關鍵

對於每一個父母來說，了解孩子的智力發展是一個持續的過程。智力測驗提供的資訊應該幫助父母更好地理解孩子的發展需求，並以科學的方法去培養孩子的潛能。智力的發展是多方面的，父母應該在生活中創造豐富的學習和探索環境，幫助孩子發揮他們的潛力，最終成為一個全面發展的人才。

第七章 啟發孩子的思維潛能

了解孩子的智力發展

父母希望孩子智力發展良好，能夠在學習和生活中表現出色，這是每位家長的共同期望。智力發展並不是一個靜止的過程，反而可以透過適當的訓練來加強，尤其是孩子早期的發育。父母在孩子成長的過程中，應該針對不同的能力進行多方面的訓練，這不僅限於學術成就，還應該包括運動能力、社交能力、創造性等方面。

身體能力與智力發展的關聯

許多父母未必知道，孩子的身體發展與智力密切相關。父母應該幫助孩子從爬行、翻身、坐、站、走等基本動作開始訓練，並逐步增加難度，讓孩子參與如拍球、跳繩、走平衡木等活動，這些都能有效地促進孩子的大腦發展。例如，當孩子不會跳繩時，可以從模仿手搖動作開始，然後再練習協調腿部和手部動作，最終達到跳繩的完整動作。

感覺和知覺的訓練

感覺與知覺的發展是智力發育的基礎。父母可以透過日常生活中的簡單訓練來促進孩子的感官發展。新生兒有視覺、聽覺和觸覺反應，父母可以透過讓孩子觀察彩色物品，聽音樂或故事來訓練視覺和聽覺。同時，可以透過觸摸不同的物品或參與一些體育活動來促進觸覺的發展。將孩子帶入大自然，讓他們接觸多種色彩、聲音和氣味，也有助於全面發展感官知覺。

認知能力的提升

孩子的認知能力是影響學習的重要因素。父母可以教孩子識別日常用品,並引導孩子學習一些常識,如時間、天氣、方向等。這不僅能增強孩子的記憶力,也能拓展他們的認知範圍,幫助他們更好地理解世界。

早期語言和社交能力的訓練

在孩子不會說話的階段,父母應該多與孩子交流,幫助他們發音和建立語言結構。透過多聽音樂、對話、兒歌和故事,孩子的語言能力將自然發展。早期的語言學習對智力發展有深遠的影響,語言能力是孩子思維發展的基礎。

生活技能與社交能力的培養

父母還應該訓練孩子基本的生活能力,如吃飯、穿衣、綁鞋帶等,這些能力的培養不僅能提高孩子的自理能力,也有助於增強孩子的自信心。此外,讓孩子多與同齡人交流,參加集體活動,訓練他們的社交能力,有助於發展孩子的情感智力。

音樂教育與智力開發

音樂是開發孩子智力的有效途徑。透過音樂教育,可以加強孩子的聽覺、節奏感、語言能力和情感表達能力。父母可以讓孩子聽各種不同的音樂,鼓勵他們根據音樂的節奏做出相應的動作,這不僅能提高孩子的音樂素養,還能促進他們的身體協調性。讓孩子學習一些簡單的歌曲和故事,並鼓勵他們自己創作,這樣能激發他們的創造力和想像力。

第七章　啟發孩子的思維潛能

讀書與思維能力的發展

閱讀是啟發孩子思維的良好方法。父母應該選擇適合孩子年齡的書籍，引導孩子閱讀並理解書中的內容。在閱讀過程中，父母可以提問或進行簡單的討論，幫助孩子理解故事的情節，鍛鍊他們的記憶力和理解力。隨著年齡的增加，可以鼓勵孩子自己講故事，這不僅能提高語言能力，也能促進邏輯思維的發展。

全面發展

父母在培養孩子智力的過程中，不應該僅關注學術成就，而是要從多方面入手，促進孩子的全面發展。從身體能力、感官發展、語言學習到社交技巧，這些都對孩子智力的發展有著至關重要的作用。家長應該提供多樣的學習機會，並鼓勵孩子在實踐中解決問題，這樣可以有效地提升孩子的綜合能力。

好奇心是孩子學習的開始

好奇心是孩子學習和探索世界的強大動力,對孩子的成長和發展至關重要。當父母提供一個安全的環境讓孩子探索周圍的世界時,這份好奇心將會像火花一樣點燃孩子的學習熱情。

讓孩子自由探索

從小,孩子就表現出對周圍世界的好奇。無論是想了解火車如何運行,還是對植物如何搖擺感到好奇,孩子的世界充滿了無窮的可能性。父母的角色非常重要,他們應該提供一個安全的環境,讓孩子可以在這個環境中探索、發現,並學習如何解決問題。

父母的積極參與

當孩子提出問題時,父母應該耐心地回答,並與孩子一起進行實際操作。當孩子發現黃色和藍色混合後變成綠色時,父母可以表現出驚訝和興奮,這樣不僅能激發孩子的好奇心,還能加深孩子對色彩變化的理解。父母的積極參與不僅能夠鼓勵孩子,還能促進親子之間的情感連繫。

適當的玩具與活動

選擇能夠激發孩子好奇心的玩具是非常重要的。父母應該選擇那些能夠拆開、組合、並隨著孩子年齡增加而能進行不同玩法的玩具。這些玩具可以讓孩子在探索的過程中學會發現錯誤並自行尋找解決方案。

例如，父母可以和孩子一起坐在地板上，這樣能從孩子的角度來理解他們的疑問並進行解答。這樣的互動不僅能解決孩子的疑問，還能幫助孩子建立自信，激發他們的問題解決能力。

尊重孩子的探索行為

當孩子表現出探索的行為，例如摸眼睛或試圖咬人時，這通常是孩子對新事物的好奇反應。父母可以耐心地引導孩子，教他們如何正確地對待他人和物品，而不打擊他們的探索精神。

即使孩子有時會做出一些不合適的行為，父母應避免立即責罵，而是透過引導幫助孩子學會如何以正確的方式進行探索。這樣能夠保護孩子的自尊心，同時鼓勵他們繼續好奇地探索世界。

給予孩子探索的自由

在孩子的成長過程中，父母應該給予孩子足夠的時間和空間來發現和研究他們感興趣的事物。這不僅能夠激發孩子的學習動力，還能幫助他們培養解決問題的能力。父母要隨時保持警覺，確保孩子的安全，同時不過度介入，讓孩子有機會自主探索。

增強孩子提問的積極性

當孩子提出問題時，父母應該給予充分的關注和正面的回應。這些問題是孩子學習的一部分，應該被尊重和鼓勵。即使父母無法立即回答孩子的問題，也應該告訴孩子，這個問題已經被記住，並且會在適當的時候回答。這樣的回應不僅能讓孩子感受到尊重，還能激勵他們繼續探索和提問。

尊重與引導孩子的好奇心

父母應該尊重並鼓勵孩子的好奇心,這是培養孩子學習熱情和解決問題能力的基礎。透過積極參與、提供合適的環境和玩具,父母能夠有效地引導孩子的好奇心發展,讓孩子在探索世界的過程中獲得成長,建立自信和獨立思考的能力。

第七章　啟發孩子的思維潛能

多樣化的興趣培養

　　興趣是學習的最大動力。正如歌德所言：「沒有興趣，就沒有記憶。」一個人若能在自己感興趣的領域中學習，他的學習效率和效果往往會大大提高。因此，如何讓孩子發展對學習的興趣，是父母和教育者應該關注的根本問題。

好奇心作為學習興趣的源泉

　　好奇心是孩子探索世界的動力，父母在這個過程中扮演著至關重要的角色。孩子的天性就是好奇、好問、好動，他們渴望透過探索來理解周圍的世界。例如，當孩子好奇地看著玩具火車，試圖讓它再次運行，或是專心觀察公園裡隨風搖擺的花草，這些行為都是孩子探索世界的表現。父母應該珍惜並支持孩子這些探索的行為，而不是忽視或簡單地否定。

問題解決的引導

　　當孩子帶著問題來問時，父母不應該直接給出答案，而應該引導孩子去思考。例如，當孩子問「為什麼黃色和藍色混合後變成綠色」時，父母不應該立刻告訴孩子結果，而是應該激發孩子的思考，讓他們自己去探索答案。這樣能夠促進孩子的獨立思考，並激發他們更強烈的好奇心。

提供思考空間

給孩子足夠的時間和空間去思考,這是發展孩子好奇心的關鍵。如果父母經常給孩子安排強制性的智力作業,孩子就會把學習看作是一項有壓力的任務,從而失去對學習的興趣。因此,父母應該避免過度強迫孩子學習,讓孩子在自由探索的環境中發展好奇心。

故事與閱讀的力量

孩子通常都愛聽故事,這是培養學習興趣的好機會。父母可以利用這一時機,讓孩子在聽故事的過程中學習字詞,並逐步提升他們的語言能力。父母不需要強迫孩子背誦或寫字,而是應該讓孩子在輕鬆愉快的環境中,自然地掌握語言技能。隨著時間的推移,孩子會在無形中學會讀故事,並從中獲得樂趣。

鼓勵戶外活動與實踐

父母可以帶孩子去大自然中觀察四季變化,並參與各種實踐活動。例如,春天觀察小樹和植物的生長,夏天帶孩子去游泳和爬山,秋天可以帶孩子去觀察樹葉的變化,冬天則可以教孩子注意人們衣著的變化。這些活動不僅能夠激發孩子的好奇心,還能增加孩子的知識,讓他們在實踐中學習。

培養多元化的學習愛好

孩子的興趣往往會隨著年齡的增加而發展和變化。例如,孩子在早期可能對畫畫、唱歌、表演等活動產生興趣,隨著時間的推移,他們的

興趣可能轉向其他領域，如音樂、棋藝等。父母不應該對孩子的興趣有所限制，而應該提供多樣化的選擇，讓孩子有機會接觸不同的領域，從中找到自己的興趣所在。

孩子的興趣有時會從一個愛好轉移到另一個。例如，孩子可能從聽故事開始，逐步過渡到講故事，再到編寫故事，甚至開始畫畫來配合故事。這樣的轉變不僅能夠豐富孩子的學習經歷，還能提升他們的創造力和表達能力。父母應該在孩子的興趣發展過程中，給予適當的支持和鼓勵，讓他們能夠不斷探索、發現新的學習領域。

讓孩子的興趣自由發展

培養孩子的興趣並非一蹴而就，而是需要父母和教育者細心呵護和引導。透過鼓勵探索、給予自由思考的空間、提供多樣化的學習素材和活動，父母可以激發孩子的學習興趣，並幫助他們在輕鬆愉快的環境中不斷成長和進步。

培養良好記憶力

良好的記憶力對孩子的學習至關重要。父母和教育者可以透過多種方法幫助孩子提高記憶力，以下是幾個有效的訓練技巧。

❖ 1. 特地培養記憶

父母可以鼓勵孩子在日常生活中特別記下某些事物。例如，帶孩子外出時，可以提前告訴孩子觀察某些事物，並在回家後要求孩子回想並講述所見所聞。這樣的訓練能夠激發孩子的記憶力，讓他們主動回顧和分享所見，從而加強記憶。

❖ 2. 理解為基礎的記憶

理解是記憶的基石。父母應該幫助孩子理解所學內容的意義，而不是單純的機械記憶。例如，當孩子學習背誦兒歌時，先解釋兒歌的內容，並將其編織成故事形式讓孩子理解。理解後再進行記憶，能讓孩子更容易記住並理解詩歌中的關鍵詞彙。

❖ 3. 提供具體形象的記憶材料

孩子的記憶往往更依賴於視覺和觸覺。父母應該選擇具體、形象的材料來幫助孩子記憶，例如使用鮮明的顏色、圖片和物體來吸引孩子的注意力。當父母以不同語調強調重點時，能加深孩子的記憶，使記憶材料更具吸引力。

❖ 4. 重複訓練

重複是加強記憶的重要方法。父母可以在孩子學習新知識後，利用密集的重複來鞏固記憶。例如，在孩子學會某個概念後，立刻進行回顧和複習，這樣能幫助孩子加深印象，並防止遺忘。重複訓練的時間間隔也應該逐步拉長，這樣可以在鞏固記憶的同時避免過度疲勞。

❖ 5. 聯想記憶法

聯想是幫助孩子記憶的有效方法之一。父母可以透過將新學的知識與已知的事物連繫起來，促進孩子的記憶。例如，當孩子問「眼鏡是做什麼用的？」時，父母可以將眼鏡和自己的視覺連繫起來，讓孩子了解眼鏡的功能。這種聯想有助於孩子將知識與具體的事物連繫，從而加深記憶。

❖ 6. 直觀現象法

由於孩子對具體的視覺和感官刺激有很強的記憶能力，父母可以利用直觀現象法來幫助孩子記憶。例如，當孩子看到鴿子時，父母可以引導孩子觀察鴿子的特徵，並提問讓孩子思考這些特徵，從而幫助孩子記住鴿子與其他鳥類的區別。

❖ 7. 歸類記憶法

歸類記憶法是一種有效的組織記憶方式。父母可以透過將孩子學習的知識進行歸類，幫助他們更好地整理和記憶。例如，在教孩子學漢字時，可以將形狀相似的漢字歸類，幫助孩子更有效地記憶。

❖ 8. 兒歌記憶法

兒歌因其節奏感和韻律感，對孩子記憶特別有幫助。父母可以讓孩子從小學習簡單的兒歌，透過有趣的節奏和歌詞來增強孩子的記憶力。這不僅能激發孩子的學習興趣，還能促進語言能力的發展。

❖ 9. 多種感官參與記憶

記憶不僅僅是視覺或聽覺的活動。父母可以透過讓孩子同時調動多種感官（如視覺、聽覺、觸覺）來加強記憶。例如，當孩子學習新詞時，可以讓孩子聽到單詞的發音，看到單詞的形狀，並用手觸摸與單詞相關的物品，這樣能提高記憶效果。

❖ 10. 情緒記憶

情緒對記憶有深刻的影響。父母應該努力創造正面的情緒感受，讓孩子在愉快的情境中學習。良好的情緒感受能夠促進孩子的記憶，讓他們對學習內容產生深刻的印象。例如，當孩子學習新知識時，父母可以透過表揚、鼓勵和創建良好的學習氛圍來加深孩子的記憶。

科學記憶訓練的效果

記憶力是可以透過科學訓練來提高的，父母在孩子的早期教育中扮演著至關重要的角色。透過聯想記憶法、重複訓練、直觀現象法等方法，父母可以幫助孩子發展良好的記憶力，並激發他們的學習潛力。

第七章　啟發孩子的思維潛能

訓練孩子的思考力

　　孩子的思考能力是可以培養和訓練的，並且對孩子的未來發展至關重要。許多父母認為孩子天生就能靈活思考，但實際上，這需要父母的悉心引導和訓練。下面是一些有效的訓練方法，幫助孩子發展敏銳的思維能力。

❖ 1. 問題引導式學習

　　孩子的思考力可以從提問開始。當孩子問問題時，父母不應直接給出答案，而應該引導孩子思考。例如，當孩子問「小鳥晚上睡在哪裡？」父母可以回答：「那你覺得小鳥晚上會去哪些地方呢？」這樣的問題可以激發孩子的想像力和好奇心，促使他們去思考和探索。

❖ 2. 創造討論和思考的機會

　　父母應該創造各種場合讓孩子發表自己的見解和思考。不需要在課堂上進行正式的討論，家庭日常生活中就可以是很好的場所。例如，在餐桌上與孩子共同討論日常生活中的一些事件或問題，這樣可以促使孩子表達自己的想法，並學會從不同角度看問題。

❖ 3. 提出富有挑戰性和開放性的問題

　　要提高孩子的思維能力，父母可以經常提出一些沒有固定答案的問題，這類問題既富有趣味性，又能激發孩子的創造力。例如，「如果所有汽車都漆成黃色，會有哪些影響呢？」這樣的問題鼓勵孩子去分析事物的多方面結果，提升他們的推理和批判性思維能力。

❖ 4. 觀察與準確表達

訓練孩子的觀察力和表達能力對思維的發展同樣重要。父母可以與孩子進行一些家庭遊戲，如蒙住一個孩子的眼睛，讓其他孩子描述兩幅相似的畫，然後讓孩子猜出是哪幅畫。這樣的遊戲不僅可以幫助孩子更精確地表達，也能促使孩子學會細緻觀察事物，並提升他們的邏輯思維。

❖ 5. 學會聽取他人意見

孩子在學習過程中，經常只關注自己的想法，這會限制他們的思考範圍。父母應該引導孩子學會聽取他人的意見，從而開拓視野。例如，當孩子評論某個同伴時，父母可以引導他去聽聽其他同伴的看法，這樣可以幫助孩子從多角度看待問題，進而培養出更靈活的思考方式。

❖ 6. 持之以恆的訓練

思維能力的發展不是一蹴而就的。孩子的思維像學騎自行車一樣，開始時可能會很困難，但只要堅持訓練，終會掌握其中的技巧。父母應該耐心地陪伴孩子，一步一步地引導他們，不斷提供新的挑戰，直到孩子學會用更加靈活的方式思考問題。

思維訓練的長期效果

孩子的思考能力是可以培養的，父母的引導對此有著關鍵作用。透過創造討論機會、提出富有挑戰性的問題、以及訓練觀察和表達能力，父母能夠幫助孩子發展敏銳的思維力。這不僅能促進孩子的學習，還能為他們的未來成長奠定堅實的基礎。

第七章　啟發孩子的思維潛能

培養豐富的想像力

每個孩子天生都有豐富的想像力，只不過有時候會被忽視或受限。父母應該給予孩子足夠的空間和鼓勵，讓他們的想像力得以發揮。以下是幾種培養孩子想像力的方法：

❖ 1. 鼓勵孩子提出問題並一起探索答案

孩子的好奇心是想像力的源泉。當孩子問一些看似簡單但有趣的問題時，父母不應該立即給出答案，而是要鼓勵孩子自己思考。例如，當孩子問「星星是怎麼來的？」父母可以回應：「你覺得呢？」這樣的反應能激發孩子的想像力，並促使他們思考不同的可能性。這樣的方式不僅鼓勵孩子動腦思考，還能讓他們在探索過程中學會如何發現世界的奧妙。

❖ 2. 創造多元的遊戲環境

遊戲是孩子發揮想像力的重要方式。父母可以與孩子一起進行折紙遊戲、畫畫或模擬角色遊戲，並適時提出一些引導性問題，讓孩子在遊戲中不斷發揮想像力。例如，在折紙時，可以問孩子：「小兔子生活在哪裡？牠會和誰一起玩？牠喜歡吃什麼？」這些問題能讓孩子在回答的過程中進一步激發他們的創造力，創造出更多有趣的故事情節。

❖ 3. 培養孩子對未來事物的想像

父母可以問孩子一些與未來相關的問題來刺激他們的想像力。例如，在看飛機的書籍時，可以問：「你覺得未來的飛機會是什麼樣子

的?」這樣的問題能讓孩子把現有的知識與創意結合,去設計他們心目中的未來世界。這不僅能幫助孩子理解現有的世界,還能激發他們對未來的無限想像。

❖ 4. 利用生活中的場景進行創意觀察

觀察生活中的事物並進行創意改造,能大大激發孩子的想像力。例如,帶孩子參觀一個捷運站,詢問他們捷運的結構,並引導孩子想像「捷運站周圍還可以增加什麼設施?」這樣的活動能幫助孩子在日常生活中進行創意思考,讓他們從現實中找出問題並進行想像解決。

❖ 5. 給予孩子講故事的機會

孩子對故事有著天然的興趣,父母可以利用這一點來培養孩子的想像力。例如,讀一個故事並在結尾處停下來,問孩子:「你覺得故事接下來會怎麼發展?」這樣的開放式問題不僅能激發孩子的創造力,還能讓他們學會從多角度思考問題,提升想像和創作能力。

❖ 6. 讓孩子自由發揮,並給予正向鼓勵

孩子的想像力不應該被過多限制。父母要尊重孩子的思考方式,即使孩子提出的想法看似異想天開,也應該給予充分的尊重和正向鼓勵。例如,當孩子想像在車站裡建游泳池時,父母應該問他:「為什麼你會這麼想呢?」並探討其想法的可行性,而不是直接否定孩子的創意。這樣不僅能維持孩子的好奇心,還能鼓勵他們將創意變為行動。

第七章　啟發孩子的思維潛能

為孩子的想像力創造開放的空間

　　想像力是孩子探索世界的重要工具，父母的支持與引導對孩子的想像力發展至關重要。透過創造開放的環境，鼓勵孩子提出問題，並提供足夠的自由空間來發揮創意，父母能夠培養孩子豐富的想像力，讓他們在未來的學習和生活中更加充滿創造力和解決問題的能力。

激發孩子創造力

　　創造力是現代社會中非常重要的能力，尤其在人才競爭激烈的環境中，擁有創造力的孩子將擁有更多機會和未來。根據調查，許多企業在尋找員工時，都特別重視創造力，這也反映了創造力對未來發展的重要性。為了幫助孩子充分發揮創造潛能，父母應該從小就開始引導和培養孩子的創造力。以下是一些方法，能幫助父母在日常生活中鼓勵孩子的創新思維。

❖ ### 1. 鼓勵孩子自由思考和提問

　　孩子的好奇心是創造力的源泉，父母應該給予孩子充足的時間和空間，讓他們自由提問和探索。例如，當孩子問「為什麼天空是藍色的？」而不是簡單給出答案，父母可以一起探討，激發孩子的思維和探索精神。這不僅能激發孩子對世界的好奇心，還能幫助他們學會如何從多角度思考問題。

❖ ### 2. 給孩子更多的實踐機會

　　創造力不僅僅來自於思考，還需要透過實踐來進行驗證和實現。父母應該鼓勵孩子參加各種創意活動，如繪畫、手工藝、建築玩具等，並允許他們自由地表達自己的創意。這些活動能幫助孩子將想法轉化為具體的物體或行動，從而進一步提高他們的創造力。

❖ ### 3. 激發孩子的想像力

　　孩子的想像力通常最為豐富，父母應該鼓勵孩子大膽想像並表達自己。例如，可以在日常生活中提出一些開放性問題，讓孩子用不同的方

式來回答。像「如果我們的家是飛行器，那會是什麼樣子？」這樣的問題可以引發孩子的創造性思考，讓他們發揮無拘無束的想像力。

❖ 4. 接受孩子的錯誤，鼓勵他們從錯誤中學習

創造力的發展往往伴隨著錯誤，孩子需要透過不斷的嘗試和錯誤來提升自己的創造能力。父母在孩子表達創意時，不應該過度糾正他們，而是應該鼓勵他們勇於嘗試，並在過程中學習。如果孩子的創意有缺陷，父母應該給予支持，引導孩子從錯誤中學習，這樣能幫助孩子建立起對創新和失敗的正確認知。

❖ 5. 為孩子創造一個支持創造力的家庭環境

家庭是一個非常重要的創造力培養場所，溫馨且自由的家庭氛圍有助於孩子的創新思維發展。父母應該營造一個輕鬆的學習和創作環境，鼓勵孩子探索新事物，並給予他們充分的信任和支持。家庭中的支持不僅能激發孩子的想像力，還能讓他們感到有足夠的自由來表達自己。

培養未來的創新人才

創造力的發展是孩子成長過程中非常重要的一部分，父母在這一過程中扮演著至關重要的角色。透過鼓勵孩子提問、提供實踐機會、支持他們的創意以及創造自由的環境，父母可以有效地培養孩子的創造力。最終，這將不僅有助於孩子的學習成就，還將為他們未來的成功奠定堅實的基礎。

第八章
孩子的情緒與性格發展（一）

第八章 孩子的情緒與性格發展（一）

非認知能力對孩子未來的關鍵作用

隨著社會的不斷發展和變遷，現今教育界不僅重視智力開發，更應注重非認知能力的培養。非認知能力，雖然不像智力那樣容易被量化或測量，但它卻在孩子的成長過程中有著至關重要的作用。那麼，什麼是非認知能力呢？

非認知能力是指影響孩子發展的情感、意志、態度、動機等非智力因素。這些能力不僅僅在孩子的情感和行為中發揮作用，還在未來的學習、工作及社會生活中發揮深遠影響。若忽視這些非智力因素，可能會導致孩子個性發展不全面，從而影響其成功的機會。

培養情感感受和意志力

情感感受是非認知能力中的一個重要方面。孩子的情感感受主要透過與他人的互動中發展起來。父母應該積極創造情感發展的環境，鼓勵孩子與他人交流，並對其正確的行為給予充分的肯定和表揚。這樣能夠促進孩子的情感感受能力，反之，過多的指責會讓孩子感到情感不穩定，甚至可能產生負面反應。

另外，意志力的培養也是關鍵的非認知能力之一。當前，很多父母過於保護孩子，事事包辦，這會削弱孩子獨立解決問題的能力。適當的挑戰和困難對孩子的成長至關重要。父母應該讓孩子自己承擔一些責任，比如做家務、解決問題等，這樣可以幫助孩子養成迎接挑戰的毅力和能力。

培養正向的性格特徵

　　孩子的性格特徵往往決定了他們日後在人際交往和社會適應中的表現。父母應該教導孩子如何理解並尊重他人，學會察覺別人的情感和需求。大方、活潑、尊重他人，對他人有熱情，經常展現積極向上的一面，將有助於孩子的情感發展和社會適應。

　　相對地，負面的性格特徵，如孤僻、情緒不穩定、漠不關心等，會限制孩子的成長。父母應該及早識別這些問題，並加以矯正。不要幻想孩子隨著年齡增加自然會變得懂事，反而應該積極介入，給孩子正確的指導和榜樣，探討孩子負面性格的因素。

非認知能力的培養為孩子的未來奠定基礎

　　非認知能力在孩子的成長過程中扮演著至關重要的角色，直接影響到他們的情感發展、行為模式及未來的社會適應能力。父母應該了解到，除了智力的培養，情感、意志力和性格等非智力因素同樣需要重視。創造良好的教育環境，給孩子更多挑戰和探索的機會，將有助於孩子全面發展，並為他們的未來成功奠定堅實的基礎。

第八章　孩子的情緒與性格發展（一）

情商的重要性：EQ 的角色

在現代社會，智商（IQ）不再是衡量成功的唯一標準。情商（EQ），即情緒智慧，逐漸成為衡量一個人能力的核心要素。美國心理學家丹尼爾·高曼（Daniel Goleman）曾指出，EQ 比智商更為重要，他的成功公式中，IQ 僅占 20% 的作用，而 EQ 卻占了 80%。這一觀點無疑強調了情商在生活中的重要性，尤其是在當今社會中，情緒管理與人際關係的處理遠比純粹的智力更具影響力。

EQ 與 IQ 的異同

雖然 IQ 被認為與先天因素有較大關聯，而 EQ 則更容易後天培養，這也是它們最根本的區別之一。IQ 主要衡量一個人解決抽象問題的能力，而 EQ 則專注於如何管理情緒、與他人互動以及在壓力下保持冷靜。即便一個人的 IQ 很高，若缺乏良好的 EQ，他們可能會在情感管理上遭遇挑戰，影響其整體表現。

例如，愛迪生在年輕時被認為智力平庸，但他以堅強的意志力與創造力成為世界上最偉大的發明家之一，這正是情商在他成功之路上的重要作用。同樣，香港商界巨頭李嘉誠也曾表示，情商在他成功的過程中達到了更為關鍵的作用。這些例子都證明了，成功不僅依賴智商，更多的是依賴如何有效地運用情緒管理來克服挑戰。

EQ 的核心構成要素

根據丹尼爾·高曼的研究，情商包括以下幾個核心能力：

了解自己情緒的能力：了解自己的情緒，理解情緒如何影響行為。

控制自己情緒的能力：學會調節情緒，尤其是負面情緒，以保持理智和冷靜。

激勵自己行為的能力：能夠在面對挑戰時保持動力，克服挫折。

了解他人情緒的能力：察覺他人情緒，並據此調整自己的行為。

與他人友好相處的能力：建立和維持良好的人際關係，這對於個人和職業成功至關重要。

高 EQ 的特徵

高 EQ 的孩子通常具有以下幾個特點：自信心強：他們對自己的能力充滿信心，相信透過努力可以達成目標。

好奇心強：對周圍的世界充滿興趣，總是想了解更多。

自制力強：能夠控制自己的情緒和行為，並在必要時自我激勵。

人際關係良好：他們善於與他人交往，並且擅長建立良好的社交關係。

具有良好的情緒：保持愉快、正向的心態，對他人熱情且誠懇。

同理心強：能夠感同身受他人的情緒，並展現出關愛和同情。

培養孩子的情商

情商是可以後天培養的。對於父母來說，創造一個支持性、鼓勵探索和表達情感的家庭環境至關重要。這不僅有助於孩子情感發展，還能

第八章 孩子的情緒與性格發展（一）

提升他們在人際交往中的表現。在日常生活中，父母可以透過以下方式來培養孩子的 EQ：

鼓勵孩子表達情緒：不論是正面的還是負面的情緒，都應該鼓勵孩子自由表達，並幫助他們理解和管理這些情緒。

提供情緒管理的工具：教導孩子如何調節情緒，學會冷靜應對困難。

教導同理心：透過角色扮演、故事講述等方式，引導孩子理解他人情緒，學會同理。

創建支持性的社交環境：鼓勵孩子參加團隊活動，學會在集體中合作，發展人際交往技巧。

情商（EQ）在現代教育中的重要性不容忽視。高 EQ 的孩子不僅能夠在學業上取得優秀成績，更能在未來的生活和職業中取得成功。父母應重視情商的培養，為孩子提供更多發展情緒智慧的機會，這將對孩子的全面成長和未來的成功達到關鍵作用。

培養孩子的膽識

每位父母都希望自己的孩子擁有非凡的膽識，但這並非天生具備，而是需要從小培養的一種特質。要達到這一目標，以下幾個方法是值得父母們借鑑的：

❖ 一、不過分干涉孩子的生活，培養孩子的闖勁

在現實生活中，孩子的膽識正是在他們面對挑戰、克服困難中磨練出來的。如果父母過分干涉，總是擔心孩子摔跤、受傷，孩子將無法學會獨立和勇敢。因此，當孩子表現出探索世界的渴望時，無論是野炊、登山，還是與朋友一同參加冒險活動，父母應該提供適當的指導與安全建議，然後讓孩子自己去嘗試，從實踐中獲得勇氣和見識。這樣不僅能提高他們的膽量，也能讓他們在面對未知時變得更加自信和堅強。

❖ 二、鼓勵孩子的勇敢行為

勇氣往往來自於外界的鼓勵和支持。例如，有一群幼稚園的小朋友在抽血時，竟然沒有一個人哭泣，甚至還自豪地宣稱自己很勇敢。這種勇敢的行為並非天生，而是幼稚園老師事先的正面引導達到了關鍵作用。老師鼓勵孩子們：「勇敢的小孩不怕痛。」在這樣的引導下，孩子們不僅理性地面對了疼痛，還因此建立了自信心。父母應該在日常生活中不斷鼓勵孩子，無論是在面對生活中的小挑戰，還是在困難面前都能給予正面肯定，這樣能幫助孩子逐漸養成勇敢面對問題的習慣。

三、增加孩子的見識

膽識不僅僅是體現為勇敢，還包括智慧和謀略。培養孩子的見識，讓他們擁有解決問題的能力，也是培養膽識的重要一環。比如，美國有一群女孩在喀斯開山迷路，當她們感到慌亂時，年僅 11 歲的伊娃內爾・湯毅然決定帶領她們走出困境。她利用自己了解的小溪流向，成功指引大家走向人煙，最終帶領大家找到安全的地方。這一事件告訴我們，擁有見識和智慧能讓孩子在面臨困難時做出正確的判斷。父母可以透過讓孩子閱讀、參觀博物館、戶外探險等方式，拓寬他們的視野，增加他們的實踐經驗，這樣在面對挑戰時，孩子才能更從容、更有膽識地應對。

勇於嘗試，方能成長

培養孩子的膽識是一項循序漸進的過程，涉及到讓孩子在實踐中學會應對困難、勇敢嘗試，並且增加見識。父母不僅要在生活中給予適度的自由，還要在孩子表現出勇敢行為時，給予正面的鼓勵，同時幫助孩子開闊眼界，提供更多的學習機會。這樣，孩子不僅能夠勇於面對挑戰，還能在面對未知的時候，做出明智的選擇，最終成為具有膽識的人。

培養孩子的道德感

　　道德感是一個孩子能夠明辨是非、遵循道德準則行事的重要指標。許多父母希望培養出有道德感的孩子，而這一切的關鍵在於孩子是否能夠在沒有人監督的情況下，依然做出正確的選擇。那麼，如何才能培養孩子的道德感呢？

以身作則，父母是榜樣

　　心理學家大衛・艾爾坎曾經說過：「把孩子培養成一個有道德感的人的方法，就是自己做一個有道德的人。」這句話告訴我們，父母的行為是孩子道德感養成的直接影響力。父母必須樹立榜樣，透過自己誠實、正直、有愛心的行為來影響孩子。如果父母積極參與社會活動，並且鼓勵孩子也參與其中，孩子自然會學會如何用行動去表達善良與責任。

及時表揚，強化正向行為

　　孩子的道德行為需要得到及時的認可。父母應該適時表揚孩子的好行為，這能幫助孩子明白什麼樣的行為是值得推崇的。比方說，當孩子自願整理玩具或幫忙做家務時，父母應該給予表揚，讓孩子知道這樣的行為是對的，並鼓勵他們持續下去。而對於不當行為，父母應該避免過度指責，而是以建設性的方式引導孩子理解錯誤所在。

第八章　孩子的情緒與性格發展（一）

謹慎選擇媒介，避免不良影響

孩子的行為會深受他們所接觸的內容影響。父母應該注意孩子所觀看的電視節目和影片內容，避免暴力、淫穢等不良元素的影響。孩子是非常易受影響的，若長期接觸不良資訊，可能會在他們的價值觀和行為上產生不良反應。父母應該創造一個健康的環境，讓孩子從小建立正確的價值觀。

給予選擇，培養決策能力

讓孩子參與決策過程，能夠幫助他們更好地理解責任感。例如，在日常生活中，父母可以讓孩子自己選擇一些事情，如選擇午餐的食物，或者選擇某些規則的執行方式。這樣可以讓孩子感受到自己的選擇對結果有影響，進而學會如何在面對更大挑戰時做出合乎道德的選擇。這也是為未來的道德決策打下基礎。

同理心訓練，從他人角度思考

父母應該教導孩子如何站在他人的角度思考問題，這樣可以幫助孩子養成同理心，進而建立起更強的道德感。例如，當孩子傷害了弟弟或妹妹時，父母可以引導孩子思考「如果自己被對待這樣會怎麼感覺」，這樣的反思能夠幫助孩子從情感上理解別人的感受，促進他們對他人尊重與關愛。

道德感的根基在日常生活中

培養孩子的道德感是一項持續且細緻的工作。它不僅需要父母的榜樣作用，還需要在日常生活中透過表揚、選擇、反思等多方面的引導，

讓孩子逐漸理解並內化道德規範。最終，孩子在父母的指導下，將學會如何明辨是非、尊重他人，並在未來的生活中成為具有責任感和愛心的成年人。

第八章　孩子的情緒與性格發展（一）

如何培養孩子的自控能力

　　自控能力是非認知能力中的一個關鍵部分，對於孩子的發展至關重要。很多時候，一個人的成功並不完全取決於智力，而是在於是否具備良好的自控能力。自控能力幫助孩子在面對各種誘惑和挑戰時，能夠控制自己的情緒和行為，從而達成長期的目標。

自控能力的定義

　　自控能力不僅僅是消極的自我約束，它是一種具有作用的心理功能，能幫助孩子主動調節自己的行為，排除外界干擾，集中精力完成任務。具有自控能力的孩子，能夠在學習、工作和生活中更好地管理自己的情感、欲望和興趣，避免任性和非理性行為，從而實現更高效的目標達成。

孩子自控能力的發展過程

　　在孩子成長過程中，自控能力的缺乏是普遍現象。許多孩子會有注意力不集中、做事三分鐘熱度、無法長期堅持的情況。這些問題正是孩子尚未充分發展自控能力的表現。儘管如此，這並不是無法改變的。父母可以透過正確的引導和訓練，逐步幫助孩子增強自控能力。

注重年齡特點

　　孩子的自控能力隨著年齡增加而發展，因此，教育方法應該根據孩子的年齡和認知能力量身打造。對於學齡前兒童，主要是培養良好的行

為習慣，例如準時起床、按時吃飯等。對於小學生，可以幫助他們從觀念上建立自控意識，並引導他們將知識轉化為內在的行為規範。

理解孩子的個性特點

每個孩子的個性和需求不同，父母應根據孩子的實際情況進行有針對性的教育。對待性格外向的孩子，可以給予更多的鼓勵，幫助他們進行行為管理；而對待內向的孩子，則要耐心引導，讓他們學會如何表達自己的需求和感受。整體來說，教育應該因材施教，根據孩子的特點選擇最適合的教育方式。

促進自我教育的發展

在孩子成長過程中，父母的作用至關重要，但最終的目標是讓孩子能夠自我教育。自我教育能促使孩子主動管理自己的行為，從而在未來的學習和生活中，能夠保持高度的自控能力。這不僅能幫助孩子在學業上取得成功，也能促進他們的個人品格和人際交往能力。

自控能力的長期培養

自控能力的培養是一個循序漸進的過程，不能急於求成。父母應該根據孩子的年齡和個性特點，制定合適的教育策略，幫助孩子在日常生活中逐步建立自控意識。透過有效的教育，孩子能夠學會在困難面前不輕易放棄，並能持續不斷地追求自己的目標，最終形成堅韌的性格和強大的內在驅動力。

第八章 孩子的情緒與性格發展（一）

培養孩子的自主能力

獨立性是每個孩子成長過程中不可或缺的特質，它不僅關係到孩子未來的事業成功，更關乎孩子在生活中的自信與自我管理能力。無論是在家庭還是學校，孩子們都需要學會如何獨立思考、獨立解決問題，並在生活中做出自我決策。以下是幾個培養孩子獨立性的重要方法：

❖ 1. 讓孩子自己做事

從小養成孩子自己做事的習慣，是培養獨立性的重要步驟。例如，讓孩子自己吃飯、穿衣服、整理玩具等。這不僅能避免孩子過度依賴父母，還能幫助他們學會如何處理日常事務。即使孩子做得不夠完美，也應該給予鼓勵，讓他們在嘗試中學習。這樣的做法會讓孩子建立自信，進而增強他們的獨立能力。

❖ 2. 激發孩子的創造力

創造性思考是獨立性的延伸，當孩子能夠自主地解決問題時，他們的獨立性會得到顯著提升。在日常生活中，父母可以透過提問來激發孩子的創造力。例如，問孩子：「這個杯子除了用來喝水，還可以做些什麼？」或者「如果你是小紅帽，你會如何應對大灰狼？」這樣的問題能讓孩子進行自主思考，並培養他們的問題解決能力。

❖ 3. 培養是非判斷能力

培養孩子的獨立性還需要注重他們的道德判斷力。在孩子學會基本

的生活技能後，父母應該幫助他們學會判斷是非對錯。透過一些簡單的故事情境，讓孩子反思他們的行為對他人的影響，這樣可以讓孩子從小學會關心他人、尊重他人，並且明確理解正確行為與錯誤行為的界限。

❖ 4. 鼓勵孩子做決策

讓孩子參與家庭的日常決策，例如選擇食物、安排週末活動等，這不僅能提升孩子的獨立性，還能讓孩子感受到自己的選擇被尊重。讓孩子從小學會做決策並承擔結果，這對他們日後的成長至關重要。這種做法也能幫助孩子在未來遇到挑戰時，能夠自主思考並做出決策。

❖ 5. 強化自我反思能力

自我反思是獨立性的重要組成部分。父母可以鼓勵孩子在完成某個任務後進行自我檢查，並反思自己在哪些方面做得好，哪些地方還可以改進。例如，當孩子做完作業後，父母可以問：「你覺得這個解法對嗎？有沒有什麼可以改進的地方？」這樣不僅能幫助孩子養成自我檢查的習慣，還能讓他們學會從錯誤中學習，逐步提升他們的獨立思考能力。

❖ 6. 讓孩子面對挑戰

父母在培養孩子的獨立性時，應該讓孩子在面對挑戰和困難時，學會堅持和克服。李嘉誠曾經讓他的孩子在成年後獨立闖蕩，這樣的教育方式不僅培養了他們的自立能力，也讓他們在面對困難時能夠冷靜應對，並勇於挑戰自己。同樣，父母應該在孩子成長過程中，適時放手，讓孩子獨自面對一些生活中的小挑戰，這將大大提升孩子的獨立性和自信心。

第八章　孩子的情緒與性格發展（一）

　　獨立性是孩子成長過程中至關重要的特質，它能幫助孩子在未來的生活中勇敢地面對挑戰，並以正面的態度解決問題。父母應該根據孩子的年齡特點和個性，採取恰當的教育方式，從日常生活中的點滴入手，培養孩子的自我管理能力、決策能力和問題解決能力。透過這些方法，孩子將會成為一個有獨立性、責任感和自信的人，為未來的成功奠定堅實的基礎。

意志力是成功的基石

孩子的意志力是日後成功的關鍵心理素養之一。父母在孩子成長過程中應該幫助他們培養這種能力，從而為他們的長期發展奠定堅實基礎。

設定清晰的目標，指引努力方向

父母首先應指導孩子制定既實際又具有挑戰性的短期和長期目標。當孩子心中有了目標並為之努力時，他們會展現出堅韌不拔的毅力。目標過高或過低都無法有效鍛鍊孩子的意志，因此要確保目標具有適當的挑戰性。父母還應強調，目標的實現需經過持續的努力，並教導孩子堅持到底，不可半途而廢。

提供獨立活動的機會

父母應鼓勵孩子自主完成一些日常活動，如整理房間、獨立做作業等，這些看似簡單的任務實際上是培養孩子意志力的重要途徑。在這些過程中，孩子將學會克服外部障礙和內部挑戰。當孩子面對困難無法立刻完成時，父母不應該立刻介入，而是給予他們時間自行解決，這樣孩子會從自我克服困難的過程中獲得成就感，進一步增強意志力。

在困難中鍛鍊意志

意志力通常是在困難的環境中得到鍛鍊的。父母可以在孩子的成長過程中設置一些「障礙」，使孩子面對挑戰並努力克服。若父母一味為

孩子掃清前進的道路,雖然孩子眼前可能順利無阻,但長遠來看,這種「保護過度」可能會削弱他們面對未來困難的能力。

培養自我控制能力

父母應該啟發孩子學會自我控制,並且提供適當的指導,幫助孩子鍛鍊意志力。例如,在孩子感到難以開始行動時,可以引導他們進行自我激勵,像是讓孩子替自己下命令:「大膽些」、「不要怕」等,這樣有助於孩子逐步增強自信與毅力。

讚揚與鼓勵

父母應及時對孩子的努力給予肯定,無論是大大小小的進步,讚揚都能激發孩子繼續努力的動力。在孩子未能完成某些任務時,應避免使用否定性的語言(例如:「我早就說過你做不到」),而應該幫助他們進行具體分析,找出改進的方向。

重視個性特徵的差異

每個孩子的性格和心理特徵都不同,父母在培養孩子的意志力時應該因材施教。培養堅強的性格能幫助孩子在面對生活挑戰時更加堅定不移。父母要確保孩子能逐漸學會獨立,並且不依賴父母過度幫助。

培養獨立思考和解決問題的能力

父母應鼓勵孩子進行創造性思考和問題解決,這不僅能提升他們的思維能力,也有助於意志力的鍛鍊。問題解決能力的提升讓孩子在面對困難時能更加冷靜和果斷,這對他們未來的成長與發展至關重要。

培養堅持的習慣

當孩子遇到困難時,父母可以透過鼓勵孩子克服挑戰來培養他們的堅韌性格。適當的挑戰和積極的支持能夠幫助孩子保持不放棄的態度,從而培養他們堅定的意志力。

培養孩子的意志力是他們成功的重要基礎。透過設置目標、提供挑戰、培養獨立性以及引導孩子發展自我控制能力,父母可以幫助孩子逐步形成堅韌不拔的性格。當孩子能夠獨立思考和處理問題時,他們將更有信心面對未來的各種挑戰,從而在生活中獲得更大的成就。

第八章　孩子的情緒與性格發展（一）

激發孩子的主動性

在當今高度競爭的世界中，許多父母都在為孩子的未來做出最完善的準備，包括為孩子購置保險、購房、參加各種才藝班等。然而，這樣的努力是否真能為孩子的未來鋪就成功的道路？教育專家認為，父母應該將更多的焦點放在激發孩子的內在潛力，尤其是孩子的主動性，因為這才是孩子成長與未來成功的關鍵。

孩子的主動性與生俱來

每個孩子天生都具有主動性和探索世界的動力。新生兒自然而然地學會吸吮、翻身、抓握等技能，他們對世界充滿了好奇心和探索的欲望。然而，很多父母出於過度關愛，過多干涉孩子的探索過程。無數的「這個不能摸，那個不能碰」抑制了孩子的自主性，孩子可能因此逐漸變得冷漠、被動，失去自我判斷的能力。

因此，專家建議父母應該放手讓孩子主動探索世界，並避免過度保護。孩子必須在自由的環境中發揮內在動力，從而促進其獨立性和探索精神的發展。

創造有利的環境來激發主動性

孩子的主動性需要在良好的環境中得到滋養。父母應該為孩子創造一個開放、富有激勵的環境，這樣孩子能夠根據自己的興趣和能力進行選擇和探索。環境的美觀與整潔會對孩子的動機產生正面影響。比如，

激發孩子的主動性

一位老師曾發現，一個小女孩因為使用漂亮的抹布而主動擦桌子，而非因為衛生要求。因此，父母應注意為孩子創造具有吸引力的學習與遊戲空間，從而激發孩子的探索欲望。

同時，孩子的學習內容不應該過於簡單或過於困難，這樣會避免孩子失去學習的熱情。讓孩子擁有自由選擇的權利，是培養他們主動性的重要步驟。

父母應成為孩子主動性發展的助力

專家指出，父母不應該一味地「教」孩子，而是要重新了解孩子的需求與能力，並透過理解與支持，幫助孩子在成長中自主發展。傳統上，父母常常高高在上，過多地干涉孩子的選擇，忽視了孩子在成長過程中的心理發展需求。這樣的控制會讓孩子感到壓力，反而使他們產生叛逆情緒或自卑感，最終影響他們的主動性。

因此，父母應該學會放下權威，尊重孩子的想法，並提供必要的引導。透過聆聽和理解孩子的需求，幫助他們發展出勇敢、自信和主動的特質。

培養孩子的主動性，從內在動力開始

教育的核心不在於為孩子累積身外之物，而在於幫助孩子建立內在動力。當孩子擁有內心的動力時，他們會主動去探索、學習和解決問題。無論是學習才藝還是生活技能，主動性都是孩子面對困難和挑戰的關鍵。父母應該支持孩子的選擇，而不是強迫他們接受不符合其興趣的活動。

第八章　孩子的情緒與性格發展（一）

讓孩子由內而外成長

　　培養孩子的主動性是幫助他們獲得成功的關鍵。父母不僅要提供良好的學習環境，還應鼓勵孩子自主探索，尊重孩子的興趣和選擇。讓孩子在這樣的環境中自由成長，無論未來他們選擇什麼樣的道路，這份內在動力將成為他們克服挑戰、解決問題的基礎，幫助他們自信、堅定地走向人生的每一步。

為孩子的專注力打下基礎

每位父母都希望自己的孩子能夠更加專注，因為專注力能幫助孩子在學習中更加高效，讓他們在生活中更加成功。然而，如何才能有效地培養孩子的專注力呢？以下是一些培養孩子專注力的實用方法。

鼓勵孩子參與有趣的遊戲活動

遊戲是提高孩子專注力的一個非常有效的途徑。在遊戲中，孩子的興趣會更加濃厚，注意力也會自然集中。例如，可以與孩子一起玩「看看什麼不見了」這類的遊戲，這不僅能激發孩子的好奇心，還能幫助孩子集中注意力觀察遊戲中的變化，從而訓練他們的專注力。

設定清晰的任務和目標

父母可以讓孩子完成一些指示清晰、要求明確的任務，這樣能幫助孩子集中注意力在任務上。這些任務的難度應該適合孩子的能力，讓他們能夠成功完成。當孩子完成任務後，父母應及時給予讚賞，比如給一個擁抱或是欣賞的笑容。對於孩子表現不足的地方，要耐心示範，鼓勵他們重做，這樣能逐步提升孩子的專注力。

避免一次提出過多要求

有些父母會過於心急，希望孩子能更快地集中注意力，因此一次提出過多的要求和任務。然而，這樣會讓孩子感到焦慮，分散他們的注意

第八章 孩子的情緒與性格發展（一）

力，反而適得其反。父母應該一次只提出一個明確的目標，幫助孩子集中精力完成這個任務。

創造安靜的學習環境

孩子的注意力常常會受到周圍環境的影響，因此創造一個安靜的學習環境是培養專注力的關鍵。例如，在孩子玩積木、配對遊戲等需要高度專注的活動時，父母應該關掉電視，排除其他干擾因素，提供孩子一個相對安靜的環境來集中精力。當孩子自己玩耍時，父母不應過度介入，這樣可以讓孩子有更多機會在無外界干擾下發展專注力。

培養規律的作息習慣

無規律的作息會對孩子的專注力造成不良影響。因此，父母應該確保孩子有足夠的睡眠和規律的飲食、遊玩時間，這樣孩子才能保持愉快的情緒來進行學習。規律的作息不僅能增強孩子的體力，還能提高他們的集中力，幫助他們在學習中取得更好的效果。

鼓勵孩子參與體育活動

體質的健康對孩子的專注力有著直接的影響。父母應該鼓勵孩子參加體育活動，透過運動提高孩子的體力，增強孩子的神經系統功能。健康的身體能為孩子的專注力發展提供良好的生理基礎。

根據孩子的特質量身打造

每個孩子的性格和特質都不同，對於專注力的培養，父母不應該將孩子與他人比較。相反，父母應該根據孩子的特點，從他們目前能保持

專注的時間入手，循序漸進地加以訓練。這樣的方法更加符合孩子的發展需要，能有效幫助孩子提高專注力。

　　培養孩子的專注力是一個系統性和長期的過程，父母需要從多方面入手，創造良好的環境，給予孩子恰當的引導與支持。透過設立明確的目標、鼓勵自主學習、營造安靜的學習環境、建立規律的作息習慣等方式，父母可以有效地提升孩子的專注力，幫助他們在學習和生活中取得更好的成就。

第八章 孩子的情緒與性格發展（一）

增進孩子自信心

孩子缺乏自信心的原因

　　孩子的自信心是他們成長過程中一個極其重要的心理特質，它對孩子的學習、生活和未來的成功至關重要。然而，許多孩子在成長過程中，卻缺乏足夠的自信心。這種情況往往源於家庭教育中的不當方式，而這些不當的做法往往是無意間加劇了孩子自信心的缺乏。了解並正確處理這些問題，能幫助孩子建立穩固的自信心。

過度保護和過多指責的影響

　　許多父母在孩子成長的過程中，出於愛護，過度關心並保護孩子。他們往往因為怕孩子受到傷害或遇到困難，而不讓孩子自己去嘗試，這樣反而會剝奪孩子學會自我挑戰和自我克服困難的機會。隨著時間的推移，孩子逐漸學會依賴父母的幫助，這種過度的保護使孩子失去了自信心。

　　另外，對孩子的指責也可能成為自信心缺乏的重要原因。父母如果總是將孩子與其他孩子相比，並用過高的標準要求他們，會讓孩子感覺自己永遠達不到父母的期望。這種感覺會使孩子對自己產生懷疑，進而形成自信心不足的心理。

重視孩子的個體差異

　　每個孩子都是獨一無二的，擁有不同的能力和特點。在教育孩子的過程中，父母需要充分了解孩子的獨特之處，並根據孩子的能力和特點

給予合理的引導和支持。過度拿孩子與其他孩子作比較，會讓孩子感到自己不如人，進而產生自卑心理，這樣不僅不利於孩子的發展，還會削弱孩子的自信心。

正確的教育方式

父母應該注意觀察並發掘孩子的長處，給予正面的肯定和鼓勵。當孩子在某一領域取得成功時，父母應該及時表揚，並強調孩子的努力和成就，而不是僅僅關注不足之處。例如，當孩子展示自己找到的美麗石頭時，父母可以說：「這塊石頭很漂亮，試著把它清洗一下，你會看到更多的細節。」這樣的鼓勵能激發孩子繼續探索的興趣，並增強孩子的自信心。

此外，父母應該避免過度誇獎或不實的讚美，這樣的讚美可能會讓孩子感到被看穿，反而對自信心產生負面影響。應該尊重孩子的努力過程，讓他們明白成功來自於不懈的努力和正確的態度。

第八章　孩子的情緒與性格發展（一）

建立成功的思考模式

　　父母應幫助孩子學會將注意力集中在如何達成目標，而不是先考慮失敗的可能性。這種正面的思考方式能夠讓孩子更有信心地面對生活中的挑戰。當孩子犯錯或面臨挫折時，父母應該引導孩子從失敗中學習，而不僅僅是指責。

　　例如，當孩子在某個任務中失敗時，父母可以與孩子討論：「你覺得這次失敗的原因是什麼？我們可以如何改進？」這樣不僅能鼓勵孩子正視問題，還能幫助他們從中找到改進的方法，增強其應對挑戰的能力。

父母的角色：支持與陪伴

　　作為父母，即使孩子的夢想看似不切實際，也應該耐心傾聽並支持孩子的努力。父母應該幫助孩子將夢想變為現實，而不是因為自己認為不可能而對孩子的夢想提出反對。這樣的支持能讓孩子感受到父母的理解和鼓勵，進而增強他們的自信心和勇氣。

幫助孩子成為自信的人

　　培養孩子的自信心需要父母的用心與智慧。在日常教育中，父母應避免過度保護與過多指責，尊重孩子的個性，並給予及時的鼓勵與支持。透過這些正面的方式，父母能夠幫助孩子建立穩固的自信心，並為孩子的未來奠定堅實的基礎。

第九章
孩子的情緒與性格發展（二）

第九章　孩子的情緒與性格發展（二）

傳遞品德的重要性

　　品德是孩子成長過程中最基本的，它直接影響著孩子的行為舉止、與人相處的能力以及日後的社會適應能力。因此，教育孩子做人的品德，對於父母來說是一項不可忽視的重要責任。從古至今，許多經典的教育書籍都強調品德教育的重要性，如宋代的《弟子規》，至今仍對現代的家庭教育有著深遠的影響。

《弟子規》對品德教育的啟示

　　《弟子規》是宋代時期的經典家庭教育書籍，內容包括了許多與孩子如何對待父母、長輩以及如何自我約束的行為規範。這些教誨不僅體現了尊重長輩和恪守禮儀的道理，也強調了做人的基本品德，對今天的家長仍然有著深刻的啟示。

　　其中，很多條文強調了子女與父母之間的相處方式。如「父母呼，應勿緩」告訴孩子，在父母叫喚時應立即回應，這樣可以表現出孩子對父母的尊重與愛護。再如「父母教，需敬聽」，強調孩子應當尊重父母的教誨，無論父母講的是什麼，都應聆聽並理解其中的用意。

　　此外，「兄道友，弟道恭」則提到了兄弟姐妹之間的和諧相處，要求年長的兄弟姐妹對年幼的弟弟姐妹要有友愛之心，年幼的則要尊敬長兄。這樣的家規不僅增進家庭的和諧，也讓孩子學會如何與人相處和互相尊重。

行為規範的重要性

除了與家人之間的互動規範,《弟子規》還對孩子的日常行為提出了要求。例如「或飲食,或坐走,長者先,幼者後」,這條規範強調了孩子在日常生活中的秩序與禮儀,讓孩子學會尊重長輩,懂得在公共場合如何行為得體。

「出必告,返必面」,這則教誡提醒孩子離開家時應告知父母,回家後要與父母打照面,讓父母安心。這不僅是一種對父母的責任感,也是一種對家庭的尊重,讓孩子從小就懂得關心與責任。

自我修養與教育的互動

《弟子規》不僅強調了子女對父母長輩的尊重,還提到了如何在家庭內進行自我修養。比如「親有過,諫使便。怡吾色,柔吾聲。諫不入,悅複諫」,這條規範告訴我們,當父母有錯時,孩子應該及時進諫,但要注意語氣溫和,態度恭敬。若父母一時無法接受,孩子可以耐心等待,再次進諫。這不僅是對父母的尊重,更是對自己的修養與情緒控制的訓練。

為孩子樹立榜樣

作為父母,應該以身作則,樹立良好的榜樣。孩子會從父母的行為中學到如何處理自己的人際關係、如何待人接物。父母如果在日常生活中展現出對長輩的尊重,對自己的行為負責,孩子就會自然而然地模仿和學習,進而形成自己的良好品德。

第九章　孩子的情緒與性格發展（二）

品德教育的長期影響

　　品德教育是孩子成長過程中至關重要的一部分。透過《弟子規》中的教誨，我們可以看出，對孩子品德的培養不僅限於日常生活的行為規範，更需要父母在言傳身教中給予孩子正確的引導。父母要理解，品德教育是一項長期且穩步推進的過程，對孩子的影響是深遠且持久的。

教育孩子學會愛

孩子的品德教育中,愛心的培養尤為重要。父母的言傳身教對孩子的影響深遠,孩子如何愛他人、如何關懷身邊的人,直接取決於父母在日常生活中的教育與示範。因此,從小培養孩子的愛心,不僅能促使他們成為有同理心、富有責任感的個體,也有助於他們在日後的社會生活中建立良好的關係和社交技能。

用行動教會孩子愛

父母要透過日常生活中的例子來教孩子如何愛他人。例如,當孩子受傷時,父母可以透過自己的行動來教育孩子如何處理他人的痛苦和困難。像是當孩子手指出血時,父母應該溫柔地包紮,並且解釋為什麼需要止血,這樣不僅能夠幫助孩子理解疼痛的感受,也讓孩子學會如何關心別人。

透過榜樣的力量教育愛

父母的言行無形中成為孩子的榜樣。當父母在日常生活中,主動幫助他人,無論是在家中對長輩的尊重,還是對鄰里間的熱心幫助,都會在孩子心中播下愛與關懷的種子。父母的這些行為,勝過千言萬語的說教,讓孩子在不知不覺中學會了如何去愛他人,如何關心周圍的世界。

第九章　孩子的情緒與性格發展（二）

讓愛成為孩子成長的基石

　　愛在孩子成長過程中不可或缺。父母需要在日常生活中，以身作則，透過行動、語言和情感來教育孩子，讓他們從小學會關心他人，學會愛人。這樣，孩子不僅會獲得來自他人的愛，也會在與人交往的過程中得到更多的回報，成為懂得愛與被愛的人。在這樣的教育中，孩子將擁有更多的幸福與快樂，並成為對社會有用的人。

建立孩子的關愛精神

隨著社會的發展，未來的成功不僅需要堅強的體魄，還需具備創造力、耐力、合作精神及良好的社會責任感。如今，社會對人的要求已經不僅是能力上的突出，更在於品德和合作精神，尤其是關心他人這一品德。如何培養孩子的關心他人之心，是每個父母都應該重視的問題。

讓孩子學會體諒他人

首先，要讓孩子從小懂得體諒他人。父母的言行對孩子的影響至關重要，父母要以身作則，從自己做起。當父母對孩子溫和以待，並且理解孩子的情緒時，孩子會感受到家庭的溫暖，從而學會將心比心，體會他人感受。這不僅能讓孩子理解他人的情況，還能讓孩子從自身經歷中學會關心他人。當孩子做錯事情時，父母不應急於斥責，而應該以平和的語氣告訴他，並且讓他感受到自己的行為對他人造成的影響，從而激發孩子的同理心。

父母的言傳身教

在孩子成長的過程中，父母的行為是孩子學習的榜樣。例如，當孩子看到父母在公共場所自覺遵守規則、關心他人時，這些行為會在孩子心中留下深刻的印象。父母在日常生活中，尊敬他人、關心社會，這些行為都會潛移默化地教會孩子如何待人接物，讓孩子自然地學會關心他人。

第九章 孩子的情緒與性格發展（二）

在困難時教會關心

孩子在面對困難或不舒服的時候，是學會關心他人的良機。例如，當家庭成員生病時，父母可以讓孩子感受到關愛的力量，並教他如何在他人需要幫助時伸出援手。這樣的經歷不僅能讓孩子學會同理他人，也能幫助他理解與他人互動的重要性，培養孩子的責任感和合作精神。

鼓勵孩子表達關愛

當孩子有了初步的關心他人的行為時，父母應及時給予正向的鼓勵，並且讓孩子意識到，這種行為是值得推崇的。無論是在學校還是在家庭，孩子如果能夠關心他人、幫助他人，父母應該給予充分的肯定。這不僅有助於激勵孩子，也能讓孩子更加堅定地走在關心他人、幫助他人的道路上。

關心他人是一項基本的美德，也是未來成功所必需的素養之一。父母應透過日常的言傳身教，讓孩子從小學會如何體諒他人，如何幫助他人，並且理解自己行為的影響。隨著這些關心他人的品格逐漸內化，孩子將來會成為一個具備高度社會責任感和團隊精神的人，能在社會中更好地立足，並收穫更多的愛與支持。在培養孩子這一美德的過程中，父母的引導和關心將為孩子未來的成長奠定堅實的基礎。

建立孩子的禮儀習慣

　　禮儀是人際交往的基石，是一個人成長過程中必須學習的重要內容。尤其是在社交場合中，孩子學會如何表達自己的尊重和關心，不僅有助於他們的成長，還能提高他們的人際交往能力。如何有效地教育孩子懂得禮儀呢？這不僅是家庭教育的一部分，也需要父母的耐心指導和榜樣。

禮儀教育從家庭開始

　　教育孩子懂禮儀首先要從日常生活中的小事做起。當家中有親朋好友來訪時，父母應該抓住這個機會，讓孩子參與其中，學習如何待客。出門做客之前，父母可以和孩子進行交談，告訴他們去哪裡、怎樣稱呼主人、如何向主人問候等基本禮儀。在這個過程中，父母可以引導孩子思考如何表達感謝，如何對待主人家的物品，不隨便亂動擺設，也不隨便開櫃子或冰箱。

　　此外，當主人端來茶水、糕點等時，應教孩子如何用雙手接過，並且學會感謝。在餐桌上，父母要告訴孩子如何吃得文雅，比如小口進食、閉口咀嚼、避免發出聲音等，這些細節會幫助孩子養成良好的餐桌禮儀。

待客時的禮儀教育

　　當孩子要接待客人時，父母也應該提前教育孩子該如何迎接來賓。孩子見到客人時，要面帶微笑、起立並主動問好。對客人的提問，孩子

應該認真回答，並以小主人的身分熱情接待，為客人端茶送水。父母在和客人交談時，應避免孩子插嘴、打斷，也不應該對客人進行不恰當的評論。

在客人離開時，教孩子送客至家門口，並用禮貌的語言道別，如「再見，下次再來！」這樣可以讓孩子習慣以禮待人，學會感恩和尊重他人。

孩子的社交禮儀更多的是從父母的行為中學到的，因此父母的言行舉止對孩子有著深遠的影響。父母在日常生活中要時刻注意自己的行為舉止，為孩子樹立一個良好的榜樣。無論是在家庭中還是在公共場合，父母都應該表現出應有的禮貌，這樣孩子才能自然而然地學會禮儀。

鼓勵孩子實踐

除了父母的榜樣作用外，孩子的禮儀學習還需要在日常生活中不斷實踐。父母應該創造機會讓孩子參加社交活動，鼓勵他們多與人接觸，並在這些場合中運用所學的禮儀。當孩子表現出良好的禮儀時，父母應及時給予肯定和讚揚，這樣不僅能增強孩子的自信心，也能幫助他們養成良好的社交習慣。

教育孩子懂禮儀不僅是教會孩子如何在社交場合中表現得體，更是幫助孩子形成尊重他人、關心他人的品格。父母要以身作則，透過日常生活中的細節教育孩子，並創造實踐機會讓孩子自然而然地學會禮儀。這些良好的禮儀習慣會在孩子成長的過程中累積，成為他們將來能夠融入社會、與他人和諧相處的重要基礎。

培養勤儉節約的觀念

隨著物質生活的日益豐富，孩子們接觸到的物質資源也越來越多。然而，如何教育孩子正確看待金錢和資源，培養他們的勤儉節約習慣，成為家長們關心的課題。教育孩子節約不僅是金錢管理的問題，更是讓孩子學會感恩、珍惜和理解生活的艱辛。

從孩子還小的時候，父母就應該為他們樹立勤儉的榜樣。父母的行為對孩子影響深遠，因此在日常生活中，父母應該從自己做起，勤儉節約，這樣才能讓孩子從小就理解節約的重要性。父母不僅要在物質上節約，更要在生活中傳遞對每一滴水、每一粒米的珍惜和對生活資源的重視。

設立合理的零用錢管理

父母給孩子零用錢的時候，應該有計畫地控制金額，不要過度依賴金錢來滿足孩子的需求。零用錢的分配要根據孩子的年齡、理解能力和實際用途來設定。隨著年齡的增加，零用錢的金額可以適當增加，但父母要時常關心孩子的開支情況，鼓勵孩子合理規劃和使用金錢。

例如，一位父母在孩子每週的零用錢上設置上限，並要求孩子列出自己的消費清單。這樣的方式幫助孩子學會計劃，了解自己的消費習慣，避免隨意揮霍。如果孩子的支出超出預算，父母會與他討論哪些地方可以節省，並要求他將過多的消費進行修正。這樣，不僅能有效控制孩子的開支，還能讓孩子養成理性消費的習慣。

第九章　孩子的情緒與性格發展（二）

透過故事與道理教育孩子

除了日常的金錢管理，父母還應該透過講述故事和道理，讓孩子了解勤儉節約的重要性。父母可以講述中國古代偉大的節儉事跡，如宋朝的開國皇帝趙匡胤，他以簡樸的生活方式治理國家，並提倡節儉的風氣，為國家累積了大量的資源。這樣的歷史故事能讓孩子明白，生活中的每一分每一秒都是寶貴的，應該珍惜每一份資源。

養成節約習慣

日常生活中，父母可以透過具體的行為來教育孩子節約，比如提醒孩子不浪費食物、不過度消耗學習用品、合理使用電器等。舉例來說，當孩子吃飯時，父母可以鼓勵他們根據自己的食量適量取餐，避免浪費食物。同時，也可以在孩子學習時，提醒他們節約使用文具和學習資源。

例如，一個父母會讓孩子在每次寫作業時，用兩面的紙張寫字，避免浪費，並告訴孩子每一張紙的成本，讓他了解節約的具體意義。在這樣的實踐中，孩子不僅學會了節約，還能理解到行為的影響。

教育孩子勤儉節約不僅是金錢管理的訓練，更是培養孩子責任感、耐心和長遠規劃能力的重要途徑。父母應該透過榜樣的力量、合理的零用錢管理和生活中的具體指導，讓孩子從小學會珍惜資源，明白勤儉的重要性。這些習慣一旦養成，將對孩子的一生產生深遠的正面影響，並幫助孩子在日後的生活中擁有更強的理財能力和生活自理能力。

朱元璋教子：傳承道德與勤勉

朱元璋作為明朝的創立者，不僅是政治與軍事上的英雄，也是子女教育上的典範。他非常重視道德教育，認為品德的養成是治國安民的根本，並且這一點從他對自己子女的教育中可見一斑。

他強調「進德修業」，即是要在道德上進步，並且要鍛鍊專業能力。他在教育子女的過程中，經常以自己艱苦創業的經歷來警示他們，並且要求他們必須體認到創業的艱辛和民生的不易。他告訴兒子們：「你們要了解農民的辛勞，取之有制，用之有節。」這不僅是為了讓他們了解基層百姓的困苦，也在培養他們的責任感與務實精神。

此外，朱元璋對子女的品德教育並不僅限於言教，還透過自己親身的行為來示範。他規定家族成員除辦公外必須穿著簡樸，並且推行簡樸的生活方式。他認為，作為統治者，必須表現出節儉和自律，這樣才能避免奢華之風蔓延到整個朝廷。這種對簡樸生活的重視，也反映出他對德行和節儉的強烈認同。

道德教育是朱元璋治國安民的根基

他對太子的教育尤為嚴格，聘請了眾多名師來指導，並且強調教導要從內心正直做起。他認為，如果太子的內心不正，就會被私欲所左右，無法成為一位優秀的君主。這樣的教育方式也讓他的兒子們成為有道德、有才學的統治者。

在修建南京皇宮時，朱元璋反對兒子們過度追求奢華。他告訴他們，堯舜等古代聖君居住的宮殿並不豪華，反而因為他們的節儉與智慧

而被後世傳頌。這一教誨表現出朱元璋深思熟慮的治國理念，並且強調皇帝應該以節儉為美德，這樣才能帶動臣子遵循並營造一個清廉的朝廷。

　　朱元璋的子女教育，將道德教育視為首要的任務。他透過自己親身的行動和嚴格的規範，將「進德修業」的理念傳授給了子女，並且促使他們在品德和專業上都取得了卓越的成就。這不僅有助於他們的個人成長，也為後來的治國理政提供了有力的支持。朱元璋的教子方法強調了品德與才能的均衡發展，並且透過簡樸生活與實際行動來強化道德教育的效果。

瑪麗・居禮的教育智慧

　　瑪麗・居禮（Marie Curie），作為歷史上唯一兩次獲得諾貝爾獎的女性，她的教育理念和方式不僅在科學領域獨樹一幟，同樣在家庭教育中展現出極高的智慧。瑪麗・居禮對兩個女兒的教育，不僅注重她們的智力發展，還非常重視品德的培養。

同時兼顧學術與品德教育

　　瑪麗・居禮的教育方法與她自己對科學的熱愛和堅持一致。她從小就開始以「智力體操」訓練女兒，讓她們廣泛接觸大自然、動物和各種色彩，並讓她們感受世界的多樣性。她以非常實際且有創意的方式，讓孩子們在玩樂中學習，培養她們的專注力、創造力和動手能力。例如，讓她們在庭園中栽種植物、畫畫、做手工，並在這些活動中教導她們科學知識和日常生活的智慧。這不僅有助於智力發展，也讓孩子們在過程中增強了自信，並學會了如何面對挑戰。

　　在品德教育方面，瑪麗・居禮的重點在於培養孩子們的節儉、實際與勇敢。她強調節儉樸素的重要性，並告訴她們「貧困固然不方便，但過富也不一定是好事」。她並未過度寵溺女兒，而是教導她們透過自己的努力謀求生活，這一點成為她們日後成功的基礎。她還強調了「勇敢與堅強」，並告訴她們「我們必須有恆心，尤其要有自信心」，這樣的教育讓她們不畏困難，能夠在面對挑戰時勇敢前行。

　　瑪麗・居禮也非常重視愛國教育，尤其是對祖國波蘭的深厚情感。她不僅在科學事業中表現出對祖國的貢獻，還在家中以實際行動感染她

第九章　孩子的情緒與性格發展（二）

的孩子。她甚至以波蘭命名她所發現的新元素「釙」，這一舉動展現了她對祖國的深厚情誼，也使她的女兒們繼承了這份情懷。

　　瑪麗・居禮的教育方法，充分體現了她對子女品德的深刻思考與實踐，她的子女們在她的教導下不僅繼承了她的科學事業，也秉承了她的崇高品格。尤其是她的女兒伊雷娜與艾芙，她們都成為對社會有用的人才，並且在各自的領域中繼承了母親的精神，為科學與人類做出了卓越貢獻。

　　瑪麗・居禮的教育哲學強調智力與品德的均衡發展，她透過親身示範和實際行動，不僅讓子女獲得了卓越的科學知識，也培養了她們的節儉、堅韌與愛國精神。她的教育方法不僅促進了子女的成長，也對科學界和社會做到了深遠的貢獻，成為了母親教育與科學成就的典範。

第十章
孩子的行為塑造

第十章　孩子的行為塑造

有效的行為訓練策略

許多父母常常感到困惑：孩子總是會提出各種要求，當他們開口時，父母可能會立刻答應；但當父母希望孩子做某些事情時，孩子卻往往不願配合。即便他們明白道理，卻不一定會照做。

根據一項調查，在超過 2,000 位父母的回應中，最常見的育兒困擾包括「孩子吃飯時難以專心」、「無法有效要求孩子配合日常作息」，以及「孩子對父母的話充耳不聞」。這些問題反映出，如何讓孩子願意聽話，已成為現代家庭教育的一大挑戰。

孩子為何不願意聽話？

孩子不聽話的原因往往與家庭教育方式息息相關。過度溺愛、缺乏行為訓練，或是父母對孩子的要求缺乏一致性，可能都是導致孩子不願意聽從指示的關鍵因素。當父母經常無條件滿足孩子的需求，孩子會習慣於「索取」而非「遵從」。此外，如果父母在管教時態度搖擺不定，孩子也容易對規範產生混淆，導致行為難以改善。

要改變孩子的行為，父母需要掌握正確的行為訓練技巧，透過科學的方法來引導孩子建立良好的行為習慣。

行為訓練的關鍵：強化與條件反應

行為心理學的理論指出，孩子的行為會受到環境影響，而強化與條件反應則是幫助孩子學習的重要方式。美國心理學家史金納（B.F.

Skinner)曾提出「操作制約」，強調適當的強化措施可以促進良好行為的養成。

父母在對孩子提出要求時，應保持一致、堅定且溫和，並且確保孩子清楚明白規則。例如，當孩子提出需求時，父母可以設定條件，例如：「如果你願意先收拾玩具，之後可以玩你喜歡的遊戲。」這樣的方式能夠讓孩子學會行為與結果之間的關聯。

此外，父母不應該無條件滿足孩子的所有要求，特別是當需求超過基本生活所需時，更應該透過適當的條件交換來協助孩子培養自律的習慣。

強化機制：如何讓孩子自發遵守規則

強化機制可分為物質獎勵、活動獎勵和精神獎勵，透過適當運用這些方法，孩子會更願意遵守規範。

物質獎勵：適用於年幼的孩子，例如貼紙獎勵、零食、玩具等，幫助孩子初步建立良好行為模式。

活動獎勵：當孩子逐漸長大，父母可以以帶孩子去公園、看電影、安排遊玩時間等方式，來提升孩子的動機。

精神獎勵：包括鼓勵、表揚、肯定等，能夠讓孩子從內心感受到行為帶來的正面價值，進而內化成習慣。

舉例來說，當孩子吃飯時拖延不肯好好用餐，父母可以透過強化方式來引導，例如：「如果你能在30分鐘內吃完飯，飯後我們可以一起讀你最喜歡的故事書。」這樣的方式能讓孩子更願意配合。

第十章　孩子的行為塑造

從物質獎勵過渡到精神獎勵

隨著孩子年齡增加，物質獎勵的效果會逐漸減弱，因此，父母應該逐步轉向活動獎勵與精神獎勵。當孩子習慣於透過努力獲得肯定，他們將會更重視自我成就感，而非單純追求外在的獎勵。

例如，當孩子完成一項學校作業時，父母可以說：「你今天的努力讓我很驕傲！」而非單純給予物質回報。這樣的方式能夠幫助孩子建立內在動機，讓他們從行為本身獲得滿足感。

如何有效運用懲罰矯正行為？

懲罰是一種行為矯正的手段，但需要謹慎使用，並避免體罰或情緒化指責。懲罰的方式可以分為：

物質懲罰：暫時沒收孩子的玩具或電子產品，以提醒孩子不當行為的後果。

活動懲罰：減少孩子的娛樂時間，例如縮短電視觀看時間，讓孩子理解行為與後果的關聯。

冷處理：當孩子無理取鬧時，父母可以選擇暫時不回應，讓孩子自行冷靜，學習如何控制情緒。

例如，當孩子在超市鬧脾氣要求購買昂貴玩具時，父母可以選擇冷處理，並堅持原則：「如果你能夠冷靜下來，下次我們可以再考慮。」這樣的方式可以讓孩子學習如何調整自己的行為，而不會過度依賴哭鬧來達成目的。

培養孩子正確的價值觀

行為訓練的最終目標，不只是讓孩子變得「聽話」，而是幫助他們培養正確的價值觀，使他們能夠自主做出良好的選擇。

父母應該以身作則，透過日常生活中的示範與對話，讓孩子理解行為背後的意義。例如，當孩子幫忙做家務時，父母可以表達感謝，讓他們感受到貢獻的價值。

此外，與孩子建立開放的溝通管道也至關重要。當孩子犯錯時，父母可以引導他們思考：「你覺得這樣做對嗎？如果重新選擇，你會怎麼做？」透過這樣的方式，孩子可以逐漸發展出獨立思考與判斷能力。

耐心與方法並行，幫助孩子建立良好行為

孩子的行為訓練需要時間與耐心，父母應該透過一致的態度與適當的獎懲機制，幫助孩子養成良好的習慣。從物質獎勵逐步過渡到精神獎勵，並結合適當的懲罰方式來矯正行為，才能讓孩子真正理解行為規範的價值。

最重要的是，孩子的價值觀來自於家庭環境，父母的態度與行為將直接影響孩子未來的發展。透過愛與紀律的平衡，孩子將能夠培養出健康的性格，並在成長過程中學會自律與負責。

第十章　孩子的行為塑造

訓練孩子獨立自主

在大學新生報到時，常見到這樣的場景：一名學生在母親的陪伴下到校註冊，母親為她鋪好床、準備生活用品，甚至連便當都幫忙買好。當母親準備離開時，孩子拉著她的手，依依不捨，母親千叮萬囑，擔心孩子無法適應新環境。

然而，當這位學生獨立面對生活時，問題就出現了。當天晚上，他到浴室洗澡，才發現自己沒有帶洗浴用品和換洗衣物，因為這些日常瑣事一直都是母親幫忙準備好的。無助之下，他只能在浴室裡難過地哭泣。

為何有些孩子難以自理？

許多父母不願讓孩子吃苦，擔心孩子遇到困難，於是凡事親力親為。「我疼愛都來不及，怎麼能讓他做家務？」這樣的想法，讓許多孩子在溫室中成長，卻失去了獨立生活的能力。然而，俄國作家高爾基曾說：「愛孩子是母雞也會做的事。」真正的愛，不是代勞，而是幫助孩子學會自理、自立，讓他們有能力面對未來的挑戰。

有些父母受到「學業至上」的影響，認為只要孩子把書念好，其他事情都無關緊要，於是孩子逐漸養成依賴心態，連最基本的生活瑣事都需要父母代勞。這樣的孩子，即使成績優異，一旦遇到生活中的難題，也往往不知所措，缺乏解決問題的能力。

國際家庭教育的啟示

在許多先進國家,父母非常重視孩子的自理訓練,因為他們明白,未來的社會競爭不僅是知識與智慧的較量,更是意志與獨立生存能力的考驗。

日本:家長帶孩子外出時,無論孩子年紀多小,都會讓他們自己背上小背包,因為「這是他們自己的東西,應該由他們自己負責」。

美國:部分州立中學規定,學生必須獨立生活一週,自己解決食宿問題,才能順利畢業。

瑞士:國中畢業後,孩子需到不同家庭中擔任一年家務助理,學習獨立生活。

德國:法律明文規定,孩子必須幫助父母做家務,並根據年齡劃分具體的責任。例如,6至10歲的孩子需洗碗、整理房間,10至14歲需到商店購物,14至16歲則需協助清理庭院、擦皮鞋等。這項法律已經實施超過百年,並不斷修訂與細化。

這些例子顯示,獨立生活能力並非自然而然就會養成,而是需要有計畫地訓練與培養。

給孩子學會獨立的機會

❖ 1. 鼓勵孩子從小事做起

孩子天生對新事物充滿好奇,當看到父母洗碗、掃地時,他們也會想嘗試。這時候,父母應該鼓勵,而不是因為怕孩子做不好而直接代勞。學習任何技能都有從不熟練到熟練的過程,父母要抓住機會,讓孩子從簡單的事開始學習,如整理書包、擺放餐具、收拾玩具等。

❖ 2. 多肯定，少指責

孩子在學習新技能時，難免會犯錯，比如洗碗時摔破碗、倒水時濺出來。這時候，父母應該耐心對待，避免責備，而是先肯定孩子願意嘗試的態度，然後再指導改進的方法。例如：「你今天洗碗做得很好，下次可以試著更小心一點，這樣就不容易打破了。」這樣的鼓勵能讓孩子更願意學習。

❖ 3. 適時提供幫助與指導

許多生活技能不是孩子天生就會的，而是需要父母耐心教導。例如，學習洗衣服時，父母可以先示範如何使用洗衣機、加洗衣精、晾晒衣服，然後讓孩子自己嘗試。孩子在反覆練習後，才能真正掌握這項技能。當孩子遇到困難時，父母應該在旁指導，而非直接代勞，讓孩子學會自己解決問題。

❖ 4. 設定合理的生活要求

根據孩子的年齡，給予適合的生活責任：

幼兒（3～6歲）：自己收拾玩具、學習穿衣、幫忙拿輕便的物品。

低年級小學生（6～10歲）：學習洗碗、整理房間、協助準備餐點。

中年級小學生（10～14歲）：學會煮簡單的食物、幫忙購物、洗衣服。

高年級小學生（14歲以上）：能夠獨立安排日常生活，例如計劃一日三餐、照顧自己、管理零用錢等。

幫助孩子建立獨立生活的習慣

在日常生活中，父母可以透過一些具體的方法，讓孩子逐步養成自立能力：

讓孩子學會時間管理：讓孩子自己安排起床時間、準備上學用品，培養時間觀念。

培養責任感：讓孩子參與家庭事務，例如分配家務，讓孩子理解自己的責任。

鼓勵獨立解決問題：當孩子遇到困難時，父母應該引導孩子思考解決方案，而不是直接介入幫忙。

提供適當的挑戰：可以讓孩子自己規劃一次小旅行，或獨立完成一個計畫，幫助他們累積自信。

孩子的成長過程中，父母的角色不是無微不至的照顧者，而是引導者。適時放手，讓孩子學會自理與自立，才能讓他們具備獨立面對未來的能力。

培養孩子的獨立性，不是讓他吃苦，而是給他們機會去學習如何照顧自己，如何面對挑戰，如何克服困難。當孩子擁有這些能力，他們才有機會在未來的競爭中脫穎而出，真正成為能夠獨立思考、勇敢前行的個體。

> 第十章　孩子的行為塑造

培養孩子適應市場競爭的能力

隨著時代變遷，孩子的成長道路已不再是單一路線。過去，在較為封閉的環境下，學業成績幾乎決定了一個人的未來，一旦考上大學，就意味著有穩定的工作保障。然而，現今的社會早已不同於以往，市場競爭激烈，成功的關鍵不再僅僅取決於學業成績，而是更仰賴綜合素養、實務能力以及適應變化的能力。

為何孩子需要具備市場競爭的素養？

現代社會提供的是多元的發展道路，企業在挑選人才時，除了學歷，還更加重視個人的競爭意識、創新能力、適應力、解決問題的能力，以及團隊合作精神。

然而，許多父母仍停留在過去的觀念，過度關注孩子的學業成績，而忽略了對孩子綜合能力的培養。他們限制孩子接觸社會、不讓孩子參與實踐活動，甚至包辦孩子的大小事務，導致孩子缺乏應對現實世界的能力。這樣的孩子即便擁有優異的成績，進入社會後也可能因為缺乏實戰經驗，而無法適應市場競爭的挑戰。

如何培養孩子適應市場競爭的能力？

❖ 1. 培養競爭意識

市場經濟的本質是競爭，父母應讓孩子明白，社會運作遵循「優勝劣汰、適者生存」的法則。這並非鼓勵孩子爭強好勝，而是幫助他們理

解，努力和實力才是成功的關鍵。應鼓勵孩子：

挑戰自我：參加比賽、競賽或挑戰性活動，學習如何在競爭環境中發揮最佳表現。

建立成敗觀念：讓孩子理解，勝負乃人生常態，重要的是從每次競爭中學習與成長，而非一味追求第一名。

❖ 2. 培養創新與解決問題的能力

市場經濟的另一大特點是變化快速，能夠適應變化並提出創新解決方案的人才，往往更具競爭力。家長可以：

鼓勵孩子動手實作：例如參與科學實驗、手工製作、程式設計等，讓孩子學會透過嘗試與錯誤來解決問題。

培養創意思維：可以透過閱讀、參與創意活動、設計挑戰來提升孩子的創造力，讓他們學會發掘不同的解決方案。

❖ 3. 培養責任感與獨立精神

獨立自主是適應市場經濟的重要基礎，孩子需要從小學習如何負責任地處理自己的事務，而不是凡事依賴父母。家長可以：

讓孩子學習管理時間：培養良好的時間管理習慣，例如規劃每日學習與休閒時間，學會安排優先順序。

鼓勵孩子自己做決定：無論是選擇課外活動、購買物品，或是規劃旅遊行程，讓孩子學習權衡利弊並做出決策。

❖ 4. 培養合作與服務精神

市場經濟並非只講求個人競爭力，更強調團隊合作與人際關係的經

營。企業招聘時，特別重視應徵者的溝通能力與合作精神，因為良好的人際關係是職場成功的關鍵之一。可以這麼做：

讓孩子參與團隊活動：例如社團、運動隊伍、志工活動，學習如何與他人合作，增進溝通與協調能力。

培養孩子的服務意識：例如參與公益活動、幫助家人處理家務，讓孩子理解付出與回饋的重要性。

❖ 5. 鼓勵孩子接觸社會與實踐經驗

書本知識固然重要，但市場經濟更重視實務經驗。孩子若缺乏社會歷練，未來進入職場時將會遭遇更大的挑戰。可以從以下方法做起：

鼓勵孩子兼職或實習：適齡的孩子可以參與短期工讀、企業實習或創業計畫，學習如何在現實世界中應對挑戰。

讓孩子參與財務管理：例如給孩子零用錢並讓他們自行規劃支出，學習基本的理財觀念。

❖ 為孩子打造適應未來的競爭力

市場經濟帶來的挑戰與機會並存，未來的成功不再單靠學業成績，而更取決於孩子的綜合素養。父母的責任不僅是提供良好的教育環境，更要幫助孩子培養競爭意識、創新能力、獨立思考與團隊合作精神，讓他們具備適應變化與迎接挑戰的能力。

唯有從小培養市場競爭的素養，孩子才能在瞬息萬變的社會中立足，成為真正具有競爭力的未來人才。

培養孩子的語言表達能力

孩子的語言表達能力與家庭環境密不可分。父母應營造一個讓孩子願意說、敢於說、樂於說，並且能夠獲得積極回應的環境，使他們在自然的互動中發展口語表達技巧。

如何營造有利於孩子表達的環境？

❖ 1. 營造開放的溝通氛圍

父母的態度決定了孩子是否願意表達自己的想法。在一個民主、開放、包容的家庭環境中，孩子更容易建立自信，勇敢開口。尊重孩子的想法：孩子的問題可能看似幼稚，但對他們而言卻是探索世界的重要途徑。父母應耐心回應，避免因忙碌或厭煩而忽視孩子的提問。

鼓勵孩子參與對話：與孩子分享日常生活，不僅是單向的講述，更要讓孩子有機會發表意見，例如詢問：「你今天有沒有發生有趣的事？」、「你對這件事有什麼看法？」

❖ 2. 創造豐富的語言交流機會

孩子的語言能力來自於實際使用，父母應主動提供多樣的交流機會，讓孩子在不同情境中練習表達。親子對話時間：每天固定時間與孩子聊天，例如餐前、睡前，讓他們分享當天的見聞與感受。

角色扮演遊戲：如「小小店長」、「記者訪談」等，讓孩子扮演不同角色，學習如何與人交流。

第十章　孩子的行為塑造

社交場合練習：帶孩子到超市、醫院等場所，讓他練習自己點餐、購物、與醫生說明病況，增加實際運用機會。

❖ 3. 運用遊戲激發孩子的語言能力

語言學習不應只是死記硬背，而應透過遊戲來提升孩子的興趣。例如：

「小小答錄機」遊戲：讓孩子模仿錄音機，重複家長說過的話，提升語音記憶與聽說能力。

圖片描述：讓孩子觀察一張圖片，請他描述內容，訓練觀察力與組織能力。

故事接龍：家長與孩子輪流接續故事內容，培養孩子的想像力與敘事能力。

如何提升孩子的語言組織能力？

❖ 1. 啟發式提問

與其讓孩子單純回答問題，不如引導他們思考。例如：

開放性問題：「你覺得這個故事會有什麼結局？」比起「這個故事的名字是什麼？」更能激發想像力。

細節觀察問題：「這張圖片上有什麼特別的地方？」比「這張圖片上有誰？」更能提升描述能力。

❖ 2. 鼓勵孩子提問

提問比回答更需要思考，父母應鼓勵孩子對故事、日常生活中的現象提出問題。例如：

父母講完故事後，讓孩子提問：「如果你是故事裡的角色，你會怎麼做？」

孩子提問，父母回答：這樣不僅讓孩子主動思考，也能讓父母了解他們的理解能力。

❖ 3.利用表演提升孩子的自信心

家庭成員可以輪流表演短劇、講故事或朗讀兒歌，讓孩子習慣在眾人面前表達。例如：

晚餐後舉辦「家庭故事會」，讓孩子講述自己編的故事或模仿書中角色。

讓孩子參與節目主持，如生日派對或家庭聚會，訓練臨場反應與表達能力。

培養語言創造力

除了基本的說話技巧，孩子的表達能力還應該具備創造性。父母可以透過以下方式提升孩子的語言創造力：

改編故事：讓孩子續寫故事的不同結局，例如「如果小紅帽不走小路，故事會怎樣發展？」

自製小圖書：讓孩子從舊雜誌剪下圖片，組合成一本小書，並為每頁圖片編寫故事。

角色對話練習：家長與孩子分別扮演故事角色，透過對話展開即興劇情發展。

> 第十章　孩子的行為塑造

在日常生活中訓練孩子的表達能力

語言學習不只是特定的活動,而應融入日常生活。例如:

用「辯論」的方式進行討論:「獅子和老虎誰更厲害?」讓孩子學習論述與反駁。

讓孩子解釋自己的選擇:「為什麼你想吃這道菜?」、「你覺得這部電影好看的原因是什麼?」

與孩子討論新聞事件:「你覺得這則新聞中的人物做得對嗎?」這有助於培養批判性思維與口語表達能力。

語言能力與未來成就的關聯

研究顯示,許多優秀的領導人與企業家,在童年時期就具備良好的語言組織能力。語言表達能力不僅影響人際溝通,更是領導能力的重要基礎。

歷史上,沒有一位成功的領導者是「沉默寡言」的。從古至今,能夠清楚表達想法、有效溝通的人,往往能夠影響他人,進而改變世界。

讓孩子勇敢開口,成為自信的表達者

父母在培養孩子語言能力時,最重要的是創造機會,讓孩子自在地表達。不要因為孩子話多而呵斥他,不要因為孩子說錯而打擊他的信心。

給孩子開口說話的機會,讓他盡情表達自己的想法。或許,他將來就能成為優秀的演說家、作家,甚至是一位影響世界的領導者!

培養孩子的社交能力

在人際互動日益頻繁的時代，良好的社交能力不僅影響孩子的學業與職場發展，更關乎心理健康與人際關係的建立。社交能力不僅僅是能說會道，而是包含傾聽、理解、表達、合作、解決衝突等多層面的技巧。

為何孩子需要培養社交能力？

孩子的社交能力不僅影響他們與同儕的互動，也與未來的職場適應息息相關。研究顯示，良好的社交技巧能夠提升孩子的自信心、減少焦慮，並幫助他們在團體中建立健康的人際關係。此外，擁有良好社交能力的孩子，往往更容易在競爭激烈的社會中獲得機會，無論是學業表現、職場發展，甚至是個人生活，都較容易獲得成功。

然而，社交能力並非與生俱來，而是需要後天培養。父母的引導與環境的塑造，在這個過程中扮演了至關重要的角色。

如何培養孩子的社交能力？

❖ 1. 創造開放的社交環境

孩子的社交能力首先來自於家庭環境，父母應該提供開放、自由、尊重的交流氛圍，讓孩子勇於表達自己的想法，並學習如何與他人互動。像是：

鼓勵孩子主動與人交談：在日常生活中，讓孩子與家人、鄰居、店員甚至陌生人交談，例如點餐、購物時主動開口。

第十章　孩子的行為塑造

提供社交機會：鼓勵孩子參加社團、夏令營、才藝班等活動，增加與同儕互動的機會。

營造家庭對話空間：用開放性的問題與孩子討論，例如「今天在學校有沒有發生有趣的事情？」、「你覺得這個故事的主角做得對嗎？」

❖ 2. 透過遊戲與活動提升社交技巧

社交技巧的學習應該是自然且富有趣味性的，透過角色扮演、團隊合作遊戲，能幫助孩子學習如何與他人互動。例如：

角色扮演：讓孩子模擬現實情境，學習「如何介紹自己」、「如何拒絕別人而不傷害對方」、「如何與朋友發生衝突時解決問題」。

合作遊戲：例如拼圖、團體競賽、建造樂高等，讓孩子學習如何與隊友協調、分享與合作。

「扮演模範」遊戲：讓孩子模仿某些善於社交的人，例如友善的老師、電視節目中的主持人，學習他們的語氣、表情與態度。

❖ 3. 教導孩子基本的社交禮儀

社交禮儀是人際關係的基礎，孩子應該從小學會尊重他人，並掌握基本的社交規範。父母應幫助孩子學會：

與人對話時要有眼神接觸，但不應過度盯著對方，以免造成壓力。

適當使用肢體語言，如微笑、點頭表示認同，避免冷漠或不耐煩的表情。

學會傾聽，不隨意打斷別人說話，並適時給予回應，例如「我明白你的意思」、「你剛剛說的讓我想到⋯⋯」。

學習如何表達拒絕，教導孩子如何有禮貌地拒絕他人，例如：「謝謝你的邀請，但今天我已經有其他安排了。」

❖ 4. 讓孩子學會解決衝突

衝突是社交過程中無可避免的一環，父母應幫助孩子學會處理人際衝突，而不是一味逃避或依賴他人解決。運用「換位思考」法：

當孩子與朋友發生爭執時，父母可以引導孩子思考：「如果你是對方，你會怎麼看待這件事？」

教導孩子冷靜表達情緒：例如，當孩子生氣時，可以讓他學會說：「我不喜歡這樣，因為這讓我覺得……」，而不是用哭鬧或攻擊性行為來表達不滿。

讓孩子學習「協商」：當孩子與朋友有意見分歧時，可以讓他練習找到雙方都能接受的解決方案，而不是一方妥協或強迫對方接受自己的想法。

❖ 5. 提供社交榜樣與實際示範

孩子的學習主要來自於模仿，因此父母的行為與態度，將直接影響孩子的社交模式。

在日常生活中，父母可以示範如何與他人友善互動：主動向鄰居打招呼、在公共場合有禮貌地與人交談。

透過故事與影片學習：觀看有關團隊合作、友誼與禮儀的影片，並與孩子討論其中的情境，例如：「如果你是這個角色，你會怎麼做？」

安排與不同年齡層互動的機會：讓孩子與年齡較大的孩子或成人交流，學習如何適應不同的人際互動模式。

第十章 孩子的行為塑造

培養孩子良好社交能力的重要性

良好的社交能力對孩子的心理發展與未來成就至關重要。許多研究顯示，擁有良好社交能力的孩子，往往更容易在學校中獲得老師與同學的喜愛，並在未來職場上更具競爭力。

從古至今，成功的領導者、企業家、學者，無一不具備卓越的人際交往能力。他們懂得如何與他人合作、如何說服他人、如何在團體中發揮影響力。因此，父母應該從小培養孩子的社交技巧，幫助他們在人際互動中更具自信與適應力。

幫助孩子在人際互動中脫穎而出

孩子的社交能力決定了他們未來的人際關係、學業發展與職場競爭力。父母應該提供一個自由、開放的環境，讓孩子有機會學習如何與人相處、如何表達自我、如何處理衝突。

透過適當的引導與實踐，孩子將能夠在人際互動中展現自信，並建立健康而穩固的社交圈，這將成為他們未來成功的重要基石。

塑造孩子的領導力

領導能力並非天生，而是後天培養的結果。歷史上許多偉大的領袖，無論是企業家、科學家還是政治人物，都是在成長過程中逐步發展出卓越的決策力、責任感與影響力。孩子的領導才能，來自於家庭環境的塑造、挑戰的歷練，以及父母適當的指導與鼓勵。

為何領能力對孩子至關重要？

具備領導力的孩子，在未來的人生道路上，無論是在學校、職場，還是人際關係中，都能夠更好地適應變化、解決問題並影響他人。領導力不僅是指帶領團隊，更包含獨立思考、決策能力、責任感、創新能力與人際溝通技巧。

然而，領導能力不是透過強制灌輸，而是透過生活經驗與挑戰來培養。以下幾個方法可以幫助孩子發展出良好的領導才能。

如何培養孩子的領導才能？

❖ 1. 建立自信心

自信是領導能力的基石，孩子必須相信自己能夠影響環境，才能勇於承擔責任與做決策。自信心來自於小小的成功累積，因此父母應鼓勵孩子嘗試新事物，並在每一次挑戰後給予肯定與支持。

鼓勵孩子嘗試與探索：例如讓孩子自己點餐、決定家庭短途旅行的行程，或規劃家中的小活動，讓他感受到自己的決策是重要的。

第十章　孩子的行為塑造

讓孩子在困難中找到解決方案：當孩子遇到挑戰時，父母不要急著幫助，而是引導孩子思考：「你覺得怎麼做可以解決這個問題？」

❖ **2. 培養決策能力**

領導者需要具備良好的決策能力，而決策能力來自於經驗累積。父母應從小提供孩子做選擇的機會，並引導他們思考決策的後果。

讓孩子做生活決策：例如「今天想穿哪件衣服？為什麼？」、「這週末要去公園還是圖書館？你的理由是什麼？」

分析選擇的影響：當孩子做出決定後，父母可以引導他回顧結果，例如：「你覺得這個決定帶來了什麼影響？下次有沒有其他更好的選擇？」

❖ **3. 培養問題解決能力**

真正的領導者並非一味地依賴他人解決問題，而是善於動腦、找到方法。父母可以透過「問題導向」的方式，幫助孩子學會思考與應對挑戰。讓孩子自己尋找解決方案：

當孩子遇到困難時，不要立即幫助，而是引導他：「你覺得怎麼做可以解決？」例如，當孩子爬不上滑梯時，讓他思考是否可以借助其他物品。

鼓勵孩子主動發現問題並解決：例如，當孩子發現家裡的垃圾滿了，父母可以問：「你覺得該怎麼做？」這樣的訓練有助於培養責任感與解決問題的能力。

❖ **4. 培養團隊合作精神**

領導力不僅是作決策，還需要學會與他人合作、影響他人。因此，

孩子需要在團隊中學習如何協調不同意見、分工合作與互相幫助。如：

參與團隊活動：鼓勵孩子參加學校社團、運動隊、志工活動，學習如何與夥伴合作。

讓孩子學習分工與領導：在家中安排家庭任務，例如讓孩子負責規劃晚餐菜單，並請他協調家人分工，一同完成。

❖ 5. 給予鼓勵，培養正向心態

一位真正的領導者，不會因為害怕失敗而退縮，而是勇於挑戰。孩子的自信與勇氣，來自於父母的鼓勵與支持。可以從以下方法做起：

鼓勵孩子面對挑戰：當孩子對新事物感到猶豫時，父母可以告訴他：「成功的人都是從嘗試開始的，即使沒成功，也是一種學習。」

避免負面評價：當孩子說想當一名科學家、演員或冒險家時，不要潑冷水，而是支持他的想法，並引導他探索如何實現夢想。

❖ 6. 培養創新與獨立思考

領袖不僅是跟隨潮流的人，更是能夠創新、思考新方法來解決問題的人。孩子應該被鼓勵提出自己的想法，而不是一味地遵循指示。例如：

鼓勵孩子發表意見：例如在家庭會議時，請孩子提供他的想法，讓他練習如何組織語言表達觀點。

創造性思考練習：可以讓孩子玩「如果……會怎樣？」的遊戲，例如「如果學校沒有老師會怎樣？」這樣的問題能夠激發孩子的思維能力。領導能力如何影響孩子的未來？

擁有領導才能的孩子，在未來的職場與人際關係中，能夠更有信心地應對挑戰。他們更能夠適應變化、影響他人，並在競爭激烈的環境中

第十章　孩子的行為塑造

脫穎而出。研究顯示，具備領導特質的孩子，更容易在學校表現突出，並在未來的工作與創業過程中取得成功。

成為具備領導才能的人

領導能力不是與生俱來的，而是透過自信建立、決策訓練、問題解決能力、團隊合作與創新思維等方面的培養而形成。父母的支持、指導與榜樣作用，對孩子的成長至關重要。

透過日常生活的鍛鍊與挑戰，孩子將能夠培養出獨立思考、勇於承擔責任的精神，最終成為能夠影響他人、帶領團隊的未來領袖。

擁有正確的理財觀念

金錢管理是一項重要的生活技能,從小培養孩子正確的理財觀念,不僅能幫助他們建立財務獨立的能力,也能讓他們在未來面對消費與投資決策時更加理性。教育孩子學習如何使用金錢,是父母不可忽視的責任。

為什麼孩子需要學會理財?

金錢對孩子來說不僅是一種交易工具,還可能代表著愛、獎勵、友情,甚至是困擾。如果孩子沒有正確的金錢觀,可能會產生過度依賴金錢、揮霍無度或極端吝嗇等問題。因此,幫助孩子建立健康的理財觀念,不只是讓他們學會存錢,更是讓他們懂得如何做出理性的消費與財務規劃。

如何培養孩子的理財能力?

❖ 1. 讓孩子從小接觸金錢

孩子在四、五歲時,就可以開始學習了解錢幣與紙鈔,並理解它們的基本用途。父母可以透過以下方式讓孩子建立金錢概念:

透過遊戲學習:玩「超市購物」或「銀行交易」的角色扮演遊戲,讓孩子學習基本的金錢運作方式。

讓孩子參與實際購物:帶孩子到商場,讓他們幫忙付款,並解釋價格、找零等基本消費概念。

第十章　孩子的行為塑造

引導孩子理解金錢的來源：讓孩子知道錢不是「從父母手中無限供應」，而是來自於工作與努力。

❖ **2. 建立儲蓄習慣**

儲蓄是理財的第一步，幫助孩子理解「延遲滿足」的重要性，能夠讓他們學會管理金錢，避免過度消費。

使用存錢筒：給孩子一個儲蓄罐，讓他們學習存零錢，感受儲蓄累積的樂趣。

制定儲蓄目標：例如，孩子想買一臺玩具車，父母可以與孩子討論需要存多久才能買到，鼓勵他們堅持存錢。

鼓勵孩子存入銀行：當孩子年齡稍大時，可以讓他們擁有自己的存款帳戶，學習存錢與利息概念。

❖ **3. 培養正確的消費觀念**

在消費行為上，孩子需要學會如何區分「需要」與「想要」，並學習比較價格與品質，以做出更明智的購物決策。

與孩子一起做購物計畫：例如，讓孩子列出購物清單，討論哪些是必需品，哪些是可有可無的消費。

讓孩子參與購物比較：在購買玩具或日用品時，讓孩子比較不同品牌與價格，學習如何選擇 CP 值較高的商品。

分析廣告與促銷手法：引導孩子辨別廣告的誇大手法，讓他們學會理性消費。

❖ 4. 讓孩子嘗試「賺錢」

除了學會如何花錢，孩子也應該了解如何賺錢。這不僅能讓他們對金錢有更深的理解，也能培養他們的責任感與自律能力。

讓孩子參與家務換取零用錢：幫忙整理房間、澆花、洗碗等，讓孩子學習「勞動與報酬」的關係。

鼓勵孩子發展小型創業：擺攤賣手工藝品、幫鄰居遛狗、協助父母處理工作，讓孩子體驗如何透過努力獲得收入。

❖ 5. 給予零用錢並學習管理

許多家庭會給孩子零用錢，但更重要的是，讓孩子學習如何管理這筆錢。

依年齡給予不同的零用錢方式：

6～8 歲：每天給予少量零用錢，並指導如何使用。

9～12 歲：每週發放固定金額，讓孩子開始學習規劃支出。

13 歲以上：每月給一次零用錢，讓孩子學習更長期的財務管理。

教孩子記錄支出：讓孩子學習記錄零用錢的使用情況，幫助他們理解自己的消費習慣。

讓孩子學習儲蓄分配：例如，將零用錢分成「儲蓄」、「消費」與「捐贈」三個部分，幫助孩子建立財務規劃能力。

❖ 6. 介紹基本的投資與財務管理概念

當孩子進入青少年階段，可以開始學習更深入的財務概念，例如投資與資產管理。

第十章　孩子的行為塑造

讓孩子了解利息與複利：可以透過簡單的數學例子，讓孩子明白長期儲蓄與投資的價值。

讓孩子體驗小型投資：例如，購買一本書來學習新技能，或讓孩子嘗試經營小型生意，讓他們體驗投資報酬的概念。

指導孩子制定預算：當孩子開始擁有更多金錢支配權時，讓他們學習如何規劃支出、設定存錢目標。

❖ 培養孩子的理財能力對未來的影響

掌握理財能力的孩子，長大後較不容易因為金錢問題而陷入困境。他們會更懂得如何管理支出、規劃財務，並在未來的職業與人生選擇上，做出更成熟的決策。許多研究指出，從小就培養理財觀念的孩子，成年後較不容易揮霍，且擁有更強的財務獨立能力。

成為精明的財務管理者

金錢管理不是大人的專利，而是一種生活必備技能。透過從小建立金錢觀、培養儲蓄與消費習慣、鼓勵孩子學習賺錢與投資，父母可以幫助孩子在未來成為負責任、理性的財務管理者。

理財教育不只是教孩子「存錢」，更重要的是讓他們理解金錢的價值，學會做出明智的財務決策，從而在未來的生活中更有信心地掌控自己的財務狀況。

洛克斐勒的小帳本：
從小建立理財與自立觀念

美國「石油大王」約翰・洛克斐勒（John Davison Rockefeller）之所以能成為舉世聞名的企業家，與他自幼養成的財務管理能力與自立精神息息相關。他從小便在家庭嚴格的家教下學習記帳，透過實際勞動來賺取零用錢，並將收入詳細記錄在專屬的小帳本中。

這並非因為洛克斐勒家境貧困，也不是父母苛待子女，而是為了讓孩子在實踐中學會勤勞、節儉與理財規劃。事實上，這種理財與自立教育不僅影響了洛克斐勒本人，也延續到他的子孫，形成了一種家族傳統。這種理念至今仍然是許多成功人士家庭教育的重要一環。

為什麼從小培養理財與自立能力如此重要？

在許多國家，孩子從小便被鼓勵學習如何管理金錢與自力更生。例如：

日本的學生會利用課餘時間在餐廳洗碗、端盤子，或在商店擔任銷售員，甚至做家教來賺取零用錢。

美國的孩子從七、八歲開始就會透過出售檸檬水、自製小商品，甚至提供鄰里服務來學習賺錢與金錢管理。美國中學生更是有一個口號：「要花錢，自己賺。」許多學生會在假期積極參與打工，學習獨立生活的能力。

這些經驗讓孩子理解，金錢並非從天而降，而是需要透過努力與計

第十章　孩子的行為塑造

畫來獲得與管理。同時，也能讓他們在未來的財務決策上更具責任感，避免過度消費或財務危機。

如何讓孩子從小養成理財與自立能力？

❖ 1. 建立「勞動換取報酬」的觀念

與洛克斐勒的家庭教育方式類似，父母可以讓孩子透過完成家務或特定任務來獲得零用錢，而非直接給予。

讓孩子參與家庭勞動：訂立「家務報酬制度」，例如整理房間、洗碗、澆花、遛狗等，完成後可獲取小額零用錢。讓孩子理解勞動的價值，而非將錢視為理所當然的資源。

提供「小型商業」機會：讓孩子在家中擺設「小商店」，出售自己做的小手工品或飲料，體驗交易與經營概念。也可以鼓勵孩子幫助鄰居，如幫忙照顧寵物、修剪草坪，以獲得小額報酬。

❖ 2. 培養記帳習慣，學習財務規劃

設立「理財小帳本」：鼓勵孩子記錄每一筆收入與支出，讓他們清楚金錢的流動。

讓孩子學會制定預算，例如：「本月零用錢 3,000 元，應該如何分配？」讓孩子學習儲蓄。

提供「三個存錢筒」的概念：儲蓄（Saving）、消費（Spending）、投資（Investing），讓孩子學會分配財富。

當孩子想購買昂貴物品時，鼓勵他們自己存錢，而非立即滿足需求，培養耐心與財務計畫能力。

❖ 3. 教導正確的消費與價值判斷

教導孩子比較價格，培養消費意識。

在購物時，讓孩子參與決策，例如：「這兩款玩具哪一個更值得購買？為什麼？」

討論廣告行銷策略，引導孩子學會理性消費，不被品牌迷思所影響。

建立「需要 vs. 想要」的觀念：訓練孩子區分「必要支出」與「非必要支出」，讓他們在購買前先思考「這是我真正需要的，還是只是因為一時衝動？」

❖ 4. 鼓勵孩子嘗試賺取額外收入

透過「小生意」學習經營管理：讓孩子學習如何用創意賺取零用錢，例如開設檸檬水攤位、販售手工藝品、或舉辦舊物義賣。讓孩子管理自己賺來的收入，並決定如何運用。

讓孩子理解投資與長期財務規劃：當孩子稍大時，可以開始學習簡單的投資概念，例如儲蓄帳戶的利息、如何利用零用錢投資學習資源（如購買書籍、上課）。

從小學習理財，成就更穩健的未來

沒有財務管理能力的孩子，長大後更容易陷入財務困境，而從小培養理財習慣的孩子，則更能夠掌控自己的經濟狀況。

洛克斐勒家族的成功不僅在於財富的累積，更在於每一代人都從小學習如何管理財務與養成自立精神。這種財務教育模式值得借鑑，讓孩子透過實際體驗，學會勞動的價值、理財的智慧，以及長期財務規劃的思維。

第十章　孩子的行為塑造

讓孩子擁有財務獨立與責任感

父母的角色不只是提供金錢，更應該是孩子的理財導師，幫助他們在生活中學習如何管理金錢、如何存錢、如何消費，以及如何創造財富。透過建立勞動換取報酬的觀念、記帳與儲蓄習慣，以及實際參與消費與交易，孩子將能夠在未來的社會中，成為更有責任感、獨立且具備財務智慧的人。

財務自由，始於童年！從現在開始，幫助孩子建立理財觀念，為他們的未來鋪路。

提升孩子的自我保護意識

孩子的安全與自我保護能力是成長過程中不可忽視的重要課題。透過具體可操作的教育方式,幫助孩子了解潛在的危險,學會應對突發狀況,才能讓他們在各種環境中更從容自信地保護自己。

為什麼孩子需要學習自我保護

現代社會充滿各種不確定因素,孩子在日常生活中可能會遇到陌生人接觸、意外傷害、迷路、欺凌甚至詐騙等問題。如果缺乏自我保護的意識與技能,他們可能無法及時應對,甚至陷入危險。

因此,自我保護教育應該是系統性的,並與孩子的年齡和認知能力相匹配。不只是讓孩子學會說不,更要讓他們理解各種情境下的應對方式,做到既警覺又不過度恐慌。

如何培養孩子的自我保護意識

❖ **幫助孩子識別潛在的危險**

讓孩子學會區分善意與惡意的行為,並理解哪些情境可能會帶來風險。例如,不是所有的陌生人都是壞人,但孩子仍應該保持警覺,不輕易相信陌生人的請求。

當陌生人向孩子提出請求時,應該讓他們學會拒絕。例如,如果有人要求幫忙看管行李,孩子應該禮貌地說不,然後迅速離開。

第十章 孩子的行為塑造

避免落入誘惑性陷阱是另一項重要的能力。告訴孩子，如果有人用小動物、玩具或食物來吸引他們靠近，應該保持距離，不要輕易上前。

❖ 教導孩子基本的求助與緊急應變方法

孩子應該熟記家裡電話、父母手機號碼，並知道如何撥打求救電話，例如警察局、消防隊和緊急醫療救護的聯絡方式。

當孩子遇到陌生人試圖接近時，應該大聲說出讓人注意的話，例如救命我不認識這個人，而不是只喊不要，以免旁人無法察覺異常情況。

在家中，孩子應該知道獨自在家時不隨意開門，即使對方自稱是爸爸媽媽的朋友，也應該先打電話確認。

應該讓孩子了解基本的急救知識，例如受傷流血時要先按壓止血，或是爺爺奶奶突然倒地時，應該立即聯絡家人或打急救電話。

❖ 讓孩子透過模擬情境學習

透過實際情境演練，幫助孩子在面對突發狀況時能夠做出正確判斷。例如，詢問孩子如果走在路上，有人抱著一隻小狗邀請你過去看，你會怎麼做，並引導他們正確回應。

家長可以透過問答方式，測試孩子的應變能力。例如，如果你在商場迷路了，應該怎麼辦。孩子應該知道不要隨意向陌生人求助，而是找穿制服的警衛、店員或到服務臺請求幫助。

家長也可以讓孩子練習如何求助，例如打電話給家人，或是尋找公共場合的安全地點，例如派出所或便利商店。

❖ 培養孩子的自信與警覺心

有些孩子因為害怕拒絕大人,會對陌生人的請求感到難以拒絕。家長應該告訴孩子,說不並不等於沒禮貌,而是一種保護自己的方式。

透過日常對話,幫助孩子建立基本的安全意識,例如提醒他們在公共場合時,不要與陌生人分享個人資訊,例如住址或學校名稱。

讓孩子養成觀察環境的習慣,例如熟悉學校和住家附近的安全地點,知道當感到不安時應該往哪裡避難。

❖ 測試孩子的自我保護能力

透過以下問題,測試孩子是否具備基本的自我保護意識

1. 當你一個人在家時,有人敲門並說我是修水管的,但爸爸媽媽沒告訴過你會有人來修水管,你會怎麼做?

    正確答案是不開門,並打電話向家人確認。

2. 當你走在路上時,有人抱著一隻小狗邀請你過去看,你會怎麼做?

    正確答案是遠離並繼續走,不要理會對方。

3. 當你在商場裡迷路時,你應該怎麼辦?

    正確答案是不要亂跑,留在原地,或尋找穿制服的工作人員或警察幫忙。

4. 如果有人對你說你媽媽出事了,快跟我走,你會怎麼辦?

    正確答案是不要跟隨對方,應該打電話給父母確認,或向周圍的店員、警察尋求幫助。

第十章　孩子的行為塑造

5. 當你受傷流血時，你應該怎麼辦？

　　正確答案是先用乾淨紗布或紙巾按壓止血，然後請求家長或老師幫助。

讓孩子成為自己的守護者

　　孩子的自我保護教育不只是一次性的學習，而應該是持續的訓練與實踐。透過日常對話、角色扮演、實地演練等方式，讓孩子在不同年齡階段都能增強自我保護意識。

　　父母是孩子的第一任老師，透過耐心的引導與教育，讓孩子從小學會保護自己，在關鍵時刻能夠冷靜應對，避免危險，確保自身安全。

第十一章
引導孩子的學習成長

第十一章　引導孩子的學習成長

家庭與學校合作助力孩子學習發展

家庭教育與學校教育的緊密結合，是提升孩子學業表現與全面發展的重要因素。研究顯示，當父母積極參與孩子的學習過程時，學生的成績更優異，出勤率更高，且能培養更強的學習動機與責任感。因此，家庭與學校的合作，不僅能提升孩子的學習成效，也能增進親子關係，使父母在教育孩子的過程中獲得更多滿足感。

父母參與對孩子學習的影響

研究表明，孩子的學業成績很大程度上取決於家庭環境與學習習慣。良好的家庭教育可以幫助孩子建立規律的作息，提升時間管理能力，使他們能夠在課餘時間高效學習，而不只是消磨時間於娛樂活動。當父母積極參與孩子的學習歷程，了解他們的學業進度，並適時提供支持與指導時，孩子在學校的表現往往更加出色。

除了對孩子的學習有益，父母的參與也能帶來個人成長。他們在這個過程中，能夠增強對孩子教育的信心，改善與社區、學校的關係，甚至可能激發自身持續學習的動機，進一步提升家庭整體的學習氛圍。

如何促進家庭與學校的合作

培養良好的學習習慣

父母應協助孩子建立穩定的學習環境，例如固定的學習時間、安靜的學習空間，以及減少學習時的干擾。規律的作息能幫助孩子專注於課

業,養成自律的學習態度。

　　此外,鼓勵孩子在家中閱讀也是提升學習能力的關鍵。研究指出,孩子的閱讀能力發展比數學和自然科學更依賴家庭環境。每天讓孩子進行朗讀,不僅能夠增強語言能力,還能提高理解力與創造力。

提供學習資源與支持

　　父母可以帶孩子到圖書館,幫助他們挑選適合的書籍,增進對閱讀的興趣。家中適量的藏書,也能為孩子營造豐富的學習環境,提升學習的主動性。此外,父母應該關注孩子的課業進度,適時提供輔導,並與學校老師保持聯絡,了解孩子在校的表現與需求。

參與學校活動

　　參與學校的親子活動、家長會或志工服務,不僅能夠幫助父母更了解學校的教育方式,也能讓孩子感受到父母對學習的重視,進一步增強他們的學習動機。當孩子看到父母與老師保持良好溝通時,他們也會更有信心面對學業挑戰。

鼓勵孩子自主學習

　　除了提供指導,父母也應鼓勵孩子發展自主學習的能力,例如讓他們規劃自己的學習時間,設定學習目標,並養成主動探索知識的習慣。當孩子能夠自我管理,他們的學習成效將更加顯著,也能在未來的學習與職業生涯中受益。

家庭與學校攜手打造優質學習環境

　　家庭與學校的合作,是孩子學習成長的重要基石。當父母積極參與孩子的學習,提供穩定的學習環境、豐富的學習資源,並與學校保持良

第十一章　引導孩子的學習成長

好互動時，孩子不僅能夠提升學業表現，也能養成良好的學習習慣與自律精神。透過家庭與學校的共同努力，每個孩子都能在知識的海洋中茁壯成長，為未來的成功奠定堅實的基礎。

了解孩子的學習狀況是家長的關鍵責任

孩子的學習狀況不僅關係到學業表現，也影響到未來的發展與職涯選擇。許多家長雖然會定期與老師交流、詢問孩子或觀察成績變化，但仍然對孩子的學習情況感到模糊，這是因為僅憑考試成績並不能全面反映孩子的學習能力與綜合素養。

為什麼要深入了解孩子的學習狀況

孩子的學習能力不僅包括基礎知識的掌握，也涵蓋了解決問題的能力與綜合素養。在當今教育體系中，學習不再只是記憶與背誦，更強調應用能力、邏輯思維與創造力。因此，家長除了關心孩子的成績外，更應該關注孩子在不同學科上的表現、學習方法，以及知識運用的能力。

透過全面了解孩子的學習狀況，家長可以針對孩子的強項與弱點，提供適當的學習支援、及時發現學習困難，避免長期累積成為學習障礙，幫助孩子調整學習方法，提升學習效率。

❖ 1. 了解孩子的學科表現與綜合能力

學科成績雖然是衡量學習狀況的重要指標，但不同科目的學習要求各不相同。例如：數學、理科強調邏輯思維與問題解決能力；語文、外語需要良好的閱讀理解與表達能力；社會科學則關注分析、歸納與批判性思考。家長可以從作業、考試題目與日常對話中，觀察孩子在哪些方面表現優秀，哪些方面需要加強。例如，當孩子數學成績不錯，但應用

第十一章　引導孩子的學習成長

題表現較差時，可能是**邏輯推理能力**需要加強，而不只是計算能力的問題。

❖ 2. 分析學習習慣與方法

不同的學習方式會影響學習效果，家長可以觀察孩子的學習習慣，找出影響學業表現的關鍵因素。

孩子是否有固定的學習時間與環境？

孩子在學習時是否能專注，還是容易受干擾？

是否有計畫地安排學習時間，還是臨時抱佛腳？

是否能夠有效地預習與複習？如果孩子成績時好時壞，家長可以試著了解他在不同時期的學習方式是否有所改變，進一步協助他找到更適合的學習策略。

❖ 3. 透過與老師的溝通獲取更多資訊

家長應該與老師保持良好溝通，透過老師的觀察了解孩子在課堂上的表現。例如：

孩子是否積極參與課堂討論？

是否能夠獨立完成作業，還是經常需要額外輔導？

在團體合作活動中是否能夠有效與同學溝通？老師的觀察可以幫助家長更清楚孩子的學習動態，並提供更具體的指導策略。

❖ 4. 透過多元評量確認孩子的學習成果

傳統考試僅能反映部分學習成果，家長應該關注孩子在不同評量方式中的表現，如：

作業完成度與正確率：了解孩子是否能夠鞏固課堂所學

專題報告與作品表現：確認孩子的資料蒐集、整理與表達能力

口語表達與討論能力：孩子是否能夠清楚表達自己的想法

實作與實驗成果：應用能力與創新思維的展現

這些評量方式能夠補足單純考試成績的不足，讓家長更全面了解孩子的學習情況。

❖ 5. 觀察孩子的學習興趣與壓力狀況

孩子的學習動機與壓力管理同樣影響學業表現。如果孩子對某些科目特別感興趣，家長可以鼓勵他進一步探索，例如參加相關競賽、課外活動或進階學習。然而，當孩子對學習產生抗拒或感到過大壓力時，家長應該適時介入，幫助他調整學習節奏，避免因過度焦慮而影響學習成效。

如何幫助孩子改善學習狀況

❖ 1. 建立良好的學習習慣

提供適當的學習環境，減少外界干擾

幫助孩子制定學習計畫，規律安排學習時間

訓練孩子有效做筆記，提升知識整理能力

❖ 2. 提供額外學習資源

鼓勵孩子利用圖書館、線上課程或課外書籍，補充課堂學習

協助孩子尋找適合的學習工具，如學習軟體、教學影片等

❖ 3. 讓孩子主動參與學習

透過討論與問答，讓孩子用自己的方式解釋所學內容

讓孩子嘗試教導他人，強化理解與記憶

鼓勵孩子參加學科相關的比賽或活動，增加學習樂趣

了解孩子的學習狀況，不僅是關心成績，而是透過多元角度來確認孩子的知識掌握、解決問題的能力、學習方法與興趣取向。透過良好的親子溝通、適當的學習支援，以及與學校的緊密合作，家長能夠幫助孩子建立更有效的學習策略，提升學習成效，並在未來的學習與職涯發展中，奠定穩固的基礎。

培養孩子的專注力，提升學習效率

專注力是所有優秀學者與成功人士的共通特質。每個孩子天生都具有專注的能力，但後天的環境與教育方式，會影響這項能力的發展。父母若能適當引導，幫助孩子養成專心學習的習慣，將能有效提升學習效率，並讓孩子在未來的學習與工作中取得更高成就。

專注力對學習的影響

專注力能幫助孩子：

提升學習效率，減少完成作業所需的時間

增強理解力，能更深入地思考問題

培養耐心與毅力，不輕易因困難而放棄

提高問題解決能力，學習過程中能更有條理地分析與應對挑戰許多成功人士，例如比爾蓋茲、巴爾扎克、羅丹等，都因為強大的專注力，在各自領域取得卓越成就。這些案例證明，專注力不僅是一種學習習慣，更是決定孩子未來競爭力的重要因素。

如何幫助孩子提升專注力

❖ 1. 營造適合專心學習的環境

孩子的學習環境會直接影響專注力。

父母應確保：

第十一章　引導孩子的學習成長

　　學習空間簡單整潔，桌上只擺放必要的文具與書籍，避免放置玩具、手機或其他容易分心的物品。

　　避免噪音干擾，學習時關閉電視、手機通知聲，若需背景音樂，可選擇輕柔的純音樂。

　　燈光適中，避免過亮或過暗影響視力與學習情緒。

❖ 2. 設定明確的學習目標與時間

　　學習無計畫，容易讓孩子感到無從下手，進而分心。因此，父母可以幫助孩子設定明確的學習目標，如：今天要完成哪些作業？這一小時內要完成哪些題目？

　　讀完這篇文章後，能回答哪些問題？此外，孩子的專注力有一定的時間限制，研究顯示：5～10歲的孩子約能專心20分鐘；10～12歲的孩子約能專心25分鐘；12歲以上的孩子約能專心30分鐘。

　　父母可以依此安排學習時間，例如：讓孩子連續專注學習20～30分鐘後，休息5～10分鐘，以避免疲勞影響學習效果。

❖ 3. 避免多工處理，專注於一件事

　　許多孩子在寫作業時，會邊看電視、邊聽音樂、邊聊天，結果導致學習效率下降。父母應該提醒孩子，專注於當前的學習任務，避免同時進行多項活動。例如：

　　做作業時不看電視、不滑手機。

　　專心讀書時不聽音樂（除非是幫助專注的背景音樂）。

❖ 4. 透過適當的訓練強化專注力

父母可以透過以下方式訓練孩子的專注力：

聽力訓練：讓孩子聆聽故事、音樂或新聞，並用自己的話描述內容，提高專注力與理解力。

視覺訓練：讓孩子觀察一幅圖畫數分鐘，然後嘗試描述其中的細節，培養觀察力與專注度。

計時訓練：設定計時器，讓孩子在限定時間內完成某項學習任務，訓練時間管理與專注力。

❖ 5. 鼓勵孩子「深入學習」，避免淺嘗輒止

許多孩子對各種事物充滿好奇，卻難以深入探索，導致學習效果不佳。父母應該鼓勵孩子：

選擇最感興趣的領域，並深入學習，而非只停留在表面。

在遇到問題時，鼓勵孩子反覆思考、尋找答案，而不是輕易放棄，讓孩子養成「問到底」的習慣，從被動學習轉變為主動探索。

❖ 6. 避免過度介入，讓孩子學會獨立專注

有些父母會在孩子學習時不斷提醒：「快點專心！」、「不要發呆！」，這反而可能干擾孩子的思考節奏。長期下來，孩子會變得依賴父母提醒，無法自主專注。因此，父母應該：

讓孩子獨立完成作業，避免一直在旁監督。

降低對孩子的過度指導，只在必要時提供建議。

讓孩子負責自己的學習時間管理，培養自律精神。

❖ 7. 確保孩子充足的休息與運動

專注力與身心狀態密切相關，若孩子過度疲勞或缺乏運動，專注力會大幅下降。父母應確保孩子：

每天睡眠充足，避免因睡眠不足導致注意力渙散。

適量運動，如跑步、跳繩、球類運動，提升大腦活力。

均衡飲食，攝取足夠的蛋白質、維生素，避免過多糖分影響注意力。

培養專注力，讓孩子學得更輕鬆。

專注力是影響學習效率的關鍵因素，透過營造良好的學習環境、培養專心習慣、設定明確學習目標，以及適當的專注力訓練，孩子將能夠在學習過程中更投入，並獲得更好的成績。

父母的角色並非強迫孩子專心，而是透過適當的引導與鼓勵，幫助孩子培養自主學習與高度專注的能力。當孩子具備專注力，不僅學習成效顯著提升，還能更有效地運用時間，取得更高的學習成就與競爭力。

培養孩子主動學習的習慣

　　學習的最佳狀態不是被動接受，而是由內而外的自發探索與求知。當孩子能夠主動學習，他們將不僅獲得知識，更能掌握學習的方法與樂趣，進而形成終身學習的能力。父母在日常生活中，應該培養孩子的好奇心與自主學習的能力，讓他們學會如何觀察、思考、推理、實驗與解決問題。

為什麼要培養孩子的主動學習能力？

　　孩子的學習習慣影響他的一生，當一個孩子習慣於等待大人給予知識，他的學習將是被動的，缺乏探索精神；相反，如果孩子習慣主動發問、動手實驗、嘗試解決問題，那麼他在學習過程中將充滿熱情，並具備持續學習的能力。

　　主動學習的孩子具有以下優勢：

　　更具求知欲：會主動尋找資訊，而非被動接受知識。

　　學習效果更好：親身探索得到的知識，比單純記憶更深刻。

　　培養解決問題的能力：不依賴大人，而是自己動腦尋找答案。

　　更有自信：透過嘗試與實踐，獲得成就感與學習動機。

如何讓孩子愛上主動學習？

❖ **1. 讓孩子親身體驗，減少直接告知**

　　許多父母習慣直接給予孩子答案，例如當孩子看到鳳梨時，立刻告訴他「這是鳳梨，它很重、有刺、可以吃」。然而，如果父母讓孩子親自

第十一章　引導孩子的學習成長

摸摸鳳梨，發現它會刺手，試著提起卻發現很重，最後聞到香氣、嘗試吃一口，孩子不僅學到了鳳梨的特性，也學到了探索新事物的方法。

這樣的學習方式能夠讓孩子：

自己觀察與發現知識，而不是等待別人告知。

累積探索經驗，下次遇到新事物時，知道可以透過不同方式來了解它。

培養求知欲，讓學習成為一種樂趣，而非負擔。

實踐方法：

在日常生活中，讓孩子動手實驗，例如倒水、摺衣服、種植植物，而不是只聽指令。

讓孩子參與烹飪過程，自己動手削水果、攪拌麵糊，學習物理與化學變化。

帶孩子到戶外，讓他觀察昆蟲、植物、天氣變化，而不是僅從課本上學習知識。

❖ 2. 鼓勵孩子動腦思考，而非直接給答案

當孩子遇到問題時，父母的第一反應通常是立刻給予答案，這其實剝奪了孩子動腦的機會。

例如，當孩子問：「為什麼天空是藍色的？」父母可以這樣回答：

錯誤示範：「因為藍光波長比較短，比較容易被散射，所以看起來是藍的。」

正確示範：「這是個有趣的問題，你覺得天空為什麼是藍色的呢？」（引導孩子思考）、「我們可以做一個小實驗來看看光線是如何改變顏色的。」（讓孩子參與探索過程）

透過這種方式，孩子不僅記住了答案，更學會了如何思考與尋找答案的能力。

實踐方法：

當孩子問問題時，先讓他嘗試回答，再一起討論。

鼓勵孩子做假設，例如：「你覺得這件事為什麼會發生？」

讓孩子自己尋找資訊，而不是直接告訴他答案，例如查閱書籍或上網搜尋。

❖ 3. 讓孩子從錯誤中學習

許多父母害怕孩子犯錯，會急於糾正孩子的行為，但這樣可能會讓孩子失去主動學習的機會。例如，當孩子學習拿筷子時，父母不斷指正他的手勢，反而會讓他感到壓力，甚至失去學習的興趣。不如讓孩子自己嘗試，當他發現某種方式比較容易夾起食物時，他自然會調整方法，並獲得成就感。

實踐方法：

允許孩子犯錯，例如自己穿衣、綁鞋帶，即使穿錯了也沒關係，讓他從錯誤中學習。

讓孩子試著自己整理書包、做家事，而不是幫他完成所有事情。

當孩子遇到困難時，不要馬上幫助，而是引導他思考解決方法。

❖ 4. 給孩子選擇權，培養自主決策能力

當孩子有決策權時，會更有學習的動力。例如，讓孩子自己選擇要讀哪本書、做哪項家務，或選擇學習的方式，這能讓孩子感覺自己對學

第十一章　引導孩子的學習成長

習有掌控權，而不是被動接受指令。

實踐方法：

讓孩子選擇學習的順序，例如先寫數學作業還是國語作業。

給孩子幾個選擇，而不是直接決定：「你想學鋼琴還是畫畫？」

讓孩子規劃自己的時間，例如週末的活動安排，由他自己決定。

❖ 5. 創造愉快的學習感受，讓孩子享受學習

當學習變得有趣，孩子自然會主動學習。例如，透過遊戲、實驗、故事等方式，讓學習變得有吸引力，而不是單調的死記硬背。

實踐方法：

透過桌遊或益智遊戲來學習數學與邏輯思維。

讓孩子參與科學實驗，例如製作簡單的火山爆發實驗、觀察植物生長過程。

透過角色扮演遊戲，讓孩子模擬歷史人物或社會職業，學習相關知識。

讓孩子愛上主動學習，掌握探索世界的能力

主動學習是一種寶貴的能力，它不僅影響孩子的學業表現，更影響未來的職場競爭力與創新能力。透過讓孩子親自探索、鼓勵思考、允許犯錯、給予選擇權，並創造愉快的學習感受，父母能夠培養孩子終身學習的習慣與求知欲。

學習不該只是填鴨式的灌輸，而應該是充滿樂趣的探索旅程。當孩子感受到學習的成就感，他們將不再需要父母催促，而是會自發地尋找新知，樂在其中，進而成為一個真正愛學習的人。

幫助孩子安心做功課，提升學習專注力

當孩子進入學校後，許多父母開始面臨一個共同的挑戰——如何讓孩子安心、有效率地完成作業。有些孩子雖然乖乖坐在書桌前，卻心不在焉，甚至需要花費極長時間才能勉強完成功課。為了改善這種情況，許多父母採取嚴格監督、體罰、限制娛樂等方式，但往往效果不佳，甚至讓孩子對學習產生抗拒。

事實上，讓孩子安心做功課並不是靠嚴格管束，而是需要家長理解孩子的心理特徵，並營造良好的學習環境與氛圍，幫助孩子培養專注力與學習習慣。

如何讓孩子安心做功課？

❖ 1. 創造良好的家庭學習氛圍

孩子的學習環境會直接影響他們的學習專注力。家長應該確保孩子擁有一個安靜、不受干擾的學習空間，並透過自身行為來樹立榜樣，例如：

減少家中的噪音：避免大聲聊天、開電視或玩手機，讓家中保持安靜，營造適合學習的環境。

與孩子一起閱讀或學習：當孩子做功課時，家長可以在一旁閱讀、寫筆記或處理公事，讓孩子感受到學習是家庭的一部分，而不是一個孤單的任務。

第十一章　引導孩子的學習成長

避免不必要的干擾：如果家裡有訪客，應盡量在孩子的學習時間後再安排接待，避免影響孩子的專注力。

❖ 2. 減少不必要的監督與嘮叨

許多家長會不斷詢問孩子：「你做完幾題了？還有多少？」這種關心雖然出於好意，但卻可能干擾孩子的思考節奏，讓他們無法專心完成作業。相反地，家長應該：

給孩子足夠的獨立空間：讓他們自行規劃學習進度，而不是每隔幾分鐘就詢問進度。

避免站在孩子旁邊監督：這會讓孩子感受到壓力，甚至產生依賴心理，無法自主完成作業。

適時提供協助：如果孩子真的遇到困難，家長可以適時提供指導，但應鼓勵孩子先試著自己解決問題，而不是直接給答案。

❖ 3. 幫助孩子建立固定的學習時間與習慣

學習需要規律，當孩子習慣每天在固定的時間做功課，他們的專注力與學習效率將會大幅提升。家長可以：

設定固定的作業時間，例如每天放學後休息 30 分鐘，再開始寫作業，讓孩子習慣這樣的節奏。

安排適當的休息時間，專注時間因年齡而異，5～10 歲孩子約可集中注意力 20 分鐘，10～12 歲孩子約 25 分鐘，12 歲以上約 30 分鐘，家長可以根據孩子的專注時間安排短暫的休息，讓他們適度放鬆再繼續學習。

避免過長的學習時間，如果孩子需要長時間做作業，可以將任務分段完成，例如完成數學作業後休息 5 分鐘，再繼續寫國語作業。

❖ 4. 讓孩子學會時間管理，避免拖延

許多孩子做作業的時間過長，並不是因為作業太多，而是因為他們缺乏時間管理能力。例如，一邊寫作業一邊發呆、玩文具，導致作業時間被無限拉長。家長可以：

使用計時器，讓孩子設定目標，例如「在 20 分鐘內完成這 10 道數學題」，幫助他們提高效率。

制定學習計畫，每天早上或放學後與孩子討論當天的學習安排，讓孩子自己規劃時間，而不是被動接受指令。

避免讓孩子在睡前做作業，因為這時孩子已經疲憊，容易拖延時間或敷衍完成作業。

❖ 5. 優化學習環境，減少分心因素

許多孩子在做功課時容易被周圍事物吸引，例如手機、玩具、鏡子、書桌上的雜物等，這些都可能分散他們的注意力。家長可以：

確保書桌上只有必要的學習用品，不放置其他容易分心的物品，如玩具、零食等。

避免使用電子產品，若非必要，不要讓孩子在寫作業時使用手機或平板，以免被社群媒體或遊戲干擾。

安排適當的學習燈光與座椅，確保孩子的學習環境舒適，不會因為過亮或過暗的燈光影響專注力。

❖ 6. 避免負面壓力，建立學習的正向動機

有些家長會用懲罰的方式來強迫孩子做功課，例如：「寫不完作業就不准睡覺」、「沒寫完就不准吃飯」。這樣的方式可能會讓孩子更害怕學

習，而不是專心學習。相反地，家長可以：

用正向鼓勵代替懲罰，例如：「你這次比上次更快完成作業了，真棒！」

讓孩子自己設定學習目標，例如：「今天我要在 1 小時內完成作業，然後去玩積木。」

避免過度責備，若孩子寫錯了題目，不要直接責備，而是引導他思考錯誤的原因，培養解決問題的能力。

讓孩子安心學習，從環境與習慣入手

孩子能否安心做功課，與家庭的學習氛圍、家長的態度、孩子的時間管理能力等密切相關。當父母能夠創造一個良好的學習環境，避免過度監督與干擾，幫助孩子建立固定的學習習慣，並引導他們掌握時間管理與自律的能力，孩子將能夠更專注、更有效率地完成功課。

學習不應該是一種壓力，而是一種習慣與樂趣。當孩子感受到成就感，他們將不再需要父母的催促，而是會自發地投入學習，真正享受探索與知識的樂趣。

如何正確對待孩子的課外學習

許多家長認為，孩子學得越多、愛好越廣泛，就能在未來更具競爭力，因此不惜安排大量課外補習班。然而，當孩子的時間被排滿，各種才藝、學科補習占據了假日，結果往往適得其反──孩子對學習失去興趣，甚至產生抗拒心理。事實上，課外學習應該以培養興趣、陶冶情操為主，而非純粹追求技能累積或學業優勢。

課外學習的核心目標：培養興趣，而非壓力

課外學習的目的應該是讓孩子：

探索興趣，找到自己真正喜歡的活動。

陶冶情操，透過藝術、運動、科學探索培養創造力與自信心。

提升技能，培養一技之長，促進未來的個人發展。

學習自主規劃時間，建立良好的學習習慣過度安排課外學習可能會適得其反，讓孩子對學習感到疲勞，甚至對曾經喜愛的活動產生厭倦。因此，家長應該從孩子的興趣與能力出發，謹慎規劃課外學習內容，而不是盲目跟風。

如何選擇適合孩子的課外學習活動？

❖ 1. 以孩子的興趣為優先，而非父母的期待

許多家長會依照自己的喜好或社會趨勢為孩子報名各種補習班，例如學鋼琴、學心算、學圍棋，但忽略了孩子是否真的有興趣。事實上，

第十一章　引導孩子的學習成長

孩子對某項學習活動的興趣與熱情，才是長期堅持下去的關鍵。如果孩子對某項課程感到抗拒或毫無興趣，家長不應強迫，而應引導孩子嘗試不同類型的活動，找到真正適合的方向。

建議作法：

與孩子討論，了解他對哪些活動有興趣，而不是直接替他決定。

觀察孩子的天賦與性格，例如手眼協調能力強的孩子，可能適合學習繪畫或樂器；活潑外向的孩子，可能更適合戲劇或舞蹈。

讓孩子參與試聽或體驗課，親身感受後再決定是否繼續。

❖ 2. 避免讓孩子過度學習，留足休息與遊戲時間

孩子的課外學習不應該壓縮他們的休息與娛樂時間。學齡階段是身心發展的重要時期，過度填充學習內容可能會影響孩子的情緒管理、社交能力，甚至導致學習疲勞。

建議作法：

每週最多安排 1～2 項課外學習活動，避免孩子感到疲憊。

留下足夠的遊戲與休息時間，讓孩子有機會自由探索與發揮創意。

尊重孩子的意願，若孩子對某項活動失去興趣，不必勉強堅持。

❖ 3. 因材施教，選擇適合孩子發展的學習內容

不同的孩子有不同的天賦與發展方向，家長應該根據孩子的特質來選擇適合的課外學習內容，而不是一味追求熱門課程。例如，一些孩子適合邏輯思維強的數理課程，而另一些孩子則更擅長藝術或體育類的活動。

建議作法：

如果孩子有藝術天賦，可以考慮繪畫、音樂、舞蹈類課程。

若孩子對科學感興趣，可選擇編程、科學實驗課程。

讓孩子在語言、數學、運動、藝術等不同領域中自由探索，而不是侷限於某一類課程。

❖ 4. 避免盲目選擇超前教育課程

有些家長希望讓孩子「贏在起跑點」，因此提早讓孩子學習學科內容，例如在學前班就開始學習數學公式、作文技巧。然而，過度的超前教育可能會讓孩子產生厭學情緒，甚至影響未來的學習興趣。

建議作法：

讓孩子在學前階段以「探索式學習」為主，而非填鴨式學習。

選擇能啟發思考與創造力的課程，例如科學探索、藝術啟蒙，而非單純的學科強化班。

若孩子進入學齡前，應該避免過早強調考試與成績，而應讓他們發展學習興趣與習慣。

❖ 5. 選擇適合的課外補習班與師資

不同的補習班與師資水準差異甚大，家長在選擇課外補習班時，應該考量教師的專業素養、教育理念以及課程設計，避免報名不適合的補習班，浪費時間與金錢。

建議作法：

選擇具有良好口碑的補習班，並觀察教師的教學方式是否符合孩子的需求。

第十一章　引導孩子的學習成長

確保課程內容適齡，不過度強調競爭，而是以啟發學習興趣為主。

試聽課程，了解教學環境與師生互動是否良好。

❖ 6. 避免距離過遠的補習班，減少通勤負擔

若補習班距離過遠，孩子每天需要花費大量時間通勤，可能會影響休息與學習品質。因此，家長應該選擇距離較近、交通便利的補習班，以減少不必要的時間浪費。

建議作法：

盡量選擇離家較近的課外補習班，避免長途奔波影響孩子的學習興趣。

若課程確實優質，但地點較遠，可考慮安排線上學習，或減少上課頻率以降低影響讓課外學習成為孩子的興趣，而非負擔。

課外學習的核心目標應該是培養孩子的興趣與才能，而非強迫孩子累積技能或增加競爭優勢。家長應該尊重孩子的選擇，避免安排過多的補習班，確保孩子能夠在輕鬆、快樂的環境中成長，真正享受學習的樂趣。

適當的課外學習能夠幫助孩子發展興趣與技能，但過度填充只會讓孩子失去學習的動力。透過適當的安排與選擇，孩子才能在成長的過程中獲得最適合自己的學習經驗，為未來的發展奠定穩固的基礎。

幫助孩子考前建立穩定情緒與健康心態

考試臨近,許多孩子容易出現緊張焦慮、情緒低落、易怒等現象,尤其是面對重要考試時,如畢業考或升學考試,壓力更甚。作為父母,如何幫助孩子在考試前保持穩定的情緒、正面的心態,順利發揮出最佳水準,成為一個重要的課題。

考試焦慮的常見表現

孩子可能會表現出以下狀況:

注意力無法集中,看書時心浮氣躁,學習效率下降。

易怒、情緒低落,對家人態度變差,甚至出現無名火。

自信心降低,覺得自己考不好,擔心成績不如預期。

失眠、食慾不振,影響身心健康與學習狀態。這些現象通常源於考試壓力過大、父母期待過高或孩子對失敗的恐懼。當孩子面臨這些狀況時,父母應積極協助,幫助他們找到應對考試壓力的方法,而非一味責備或施壓。

幫助孩子考好試的關鍵策略

❖ 1. 陪伴與支持,營造良好氛圍

考前父母應避免過度施壓,而是以鼓勵與支持為主,讓孩子感受到家庭的溫暖與安全感。

第十一章　引導孩子的學習成長

具體作法：

減少與成績相關的討論，避免讓孩子一直處於壓力之中。

避免拿其他孩子比較，每個孩子的學習方式與步調不同，讓孩子專注於自己的進步。

多給予正向鼓勵，如：「你已經很努力了，媽媽相信你一定能發揮得很好！」

保持家庭氣氛輕鬆，避免因考試問題讓家中充滿緊張氣氛。

❖ 2. 引導孩子學會情緒管理

當孩子情緒低落或煩躁時，父母應幫助他們適當宣洩情緒，避免長期壓抑導致心理負擔加重。

舒緩情緒的方法：

談心紓壓：父母主動關心孩子，讓孩子表達內心的壓力與擔憂。

運動調節：讓孩子適當運動，如慢跑、打球、跳繩，透過運動釋放壓力。

音樂放鬆：陪孩子聆聽輕音樂或大自然音效，幫助放鬆心情。

適當休閒：陪孩子看電影、散步、購物等，短暫轉移注意力，舒緩緊張情緒。

❖ 3. 建立健康的作息與飲食習慣

考前良好的身體狀態有助於提升學習效率與考試發揮，因此家長應協助孩子維持規律作息與健康飲食。

具體作法：

確保睡眠充足：避免熬夜讀書，建議晚上 10 點前入睡，讓大腦充分休息。

均衡飲食：補充足夠的蛋白質（魚、肉、蛋）、維生素（蔬果）、碳水化合物（糙米、全麥麵包），提供足夠能量。

避免過量咖啡因：少喝咖啡或濃茶，以免影響睡眠品質。

適量補充水分：保持大腦活力，防止因缺水影響專注力。

❖ 4. 教導孩子掌握考試策略與時間管理

幫助孩子建立合理的學習計畫與考試策略，可以減少他們的焦慮感，提升考試效率。

學習策略：

分段複習：將科目拆分成小部分，每天設定明確的學習目標，避免臨時抱佛腳。

使用筆記與重點整理：幫助記憶與理解，而不是死記硬背。

模擬考試情境：在家進行計時測驗，適應考試節奏。

掌握時間分配：先答熟悉的題目，再回頭處理困難的題目，避免時間不足。

保持冷靜：遇到不會的題目，先跳過，不要過度糾結影響整體答題進度。

仔細審題：確保理解題目要求，避免因粗心而失分。

❖ 5. 讓孩子理解，考試成績不是唯一標準

許多孩子的壓力來自於害怕考不好後的後果，父母應讓孩子明白，考試只是學習的一部分，不是決定未來的唯一標準。

可以這樣對孩子說：

「考試成績並不能代表你的全部能力，重要的是你有沒有努力。」

「一次考試失利並不代表未來的成就，重要的是從經驗中學習。」

「無論結果如何，爸媽都會支持你，你的努力才是最值得珍惜的。」

幫助孩子穩定心態，輕鬆迎戰考試

考試不只是對知識的檢驗，更是一場心理戰，幫助孩子建立健康的學習態度、穩定的情緒管理與正確的作息安排，才能讓他們在考場上發揮最佳實力。

父母的陪伴與支持是孩子考試期間最重要的精神力量，透過適時的鼓勵與舒壓，孩子將能以更輕鬆的心態迎接挑戰，並在學習的道路上持續成長。

為孩子減輕負擔，讓學習回歸本質

現今的孩子背負著沉重的學業壓力，從課業、考試到補習、競賽，每天忙碌不已，童年應有的快樂與自由漸漸消失。為了讓孩子擁有健康的身心發展，減輕負擔成為許多教育改革的重要目標。然而，真正的減輕負擔不僅僅是學校層面的調整，更需要家庭的配合，父母的教育觀念若未能轉變，孩子仍然無法擺脫壓力。

為什麼孩子需要減輕負擔？

過重的學習壓力可能帶來以下問題：

影響身心健康：長時間學習與缺乏休息會導致孩子疲勞、焦慮，甚至影響睡眠與身體發育。

降低學習興趣：過度填鴨式的學習讓孩子把學習當成負擔，可能引發厭學心理。

限制探索與創造力：孩子需要透過自由時間發展興趣、探索世界，過多的學習壓力則會限制這些機會。

影響親子關係：父母若過度要求學業表現，容易導致親子衝突，孩子可能變得抗拒與父母溝通。如何在家庭中為孩子減輕負擔？

❖ 1. 避免「學校減輕負擔，家庭施加壓力」的矛盾

許多學校已開始減少作業與考試，強調素養教育，但不少家長仍停留在應試教育的思維，擔心孩子「落後」，於是自行增加額外補習、買練習題，結果反而讓孩子的負擔更重。

第十一章　引導孩子的學習成長

解決方法：

接受教育觀念的改變，相信孩子不僅要學會課本知識，更應培養綜合素養。

避免額外施加過多的學習壓力，例如不需要每天補習、做額外考題。

讓孩子有時間參與課外活動，如閱讀、運動、藝術等，增進實踐能力與創造力。

❖　2. 培養學習興趣，而非強迫學習

許多家長習慣用監督、威脅或獎勵來讓孩子學習，但這種方式容易造成壓力，甚至引發孩子的抗拒心理。

解決方法：

讓學習變得有趣，例如透過遊戲、實驗、故事等方式，激發孩子的好奇心。

尊重孩子的學習節奏，不要以比較的心態要求孩子必須達到某個標準。

給孩子更多自主學習的機會，讓他們主動探索知識，而不是被動接受指令。

❖　3. 讓孩子有時間接觸社會與自然

學習不應該侷限在課堂與書本中，孩子應該有機會走出家門，了解世界。

解決方法：

多帶孩子參加戶外活動，如遠足、露營，培養觀察力與適應能力。

讓孩子接觸不同社會環境，例如博物館參觀、志工服務、親子旅行等。

鼓勵孩子參與團體活動，如球類運動、社團活動，學習團隊合作與溝通技巧。

❖ 4. 減少不必要的補習與競賽

許多家長希望孩子多學一點，因此報名各種補習班、才藝班，但這未必對孩子有幫助，反而可能讓孩子感到壓力與疲憊。

解決方法：

先確認孩子是否真的需要補習，若只是因為「別的孩子都在補」而補習，可能效果有限。

選擇符合孩子興趣與需求的補習班，而不是盲目跟風。

尊重孩子的選擇，若他對某個才藝班或競賽無興趣，不必強迫參加。

❖ 5. 給孩子適當的休息與娛樂時間

適當的休息與娛樂能夠提升學習效率，讓孩子保持良好的心理狀態。

解決方法：

確保孩子每天有充足的睡眠，避免熬夜寫作業或補習。

讓孩子擁有自由玩樂的時間，遊戲與放鬆能幫助孩子發展創造力與想像力。

避免週末排滿各種學習活動，留一些時間讓孩子自行安排。

第十一章　引導孩子的學習成長

快樂童年是最好的成長基礎

真正的成功不是來自於高分與競賽，而是來自於健康的身心與良好的學習習慣。家長應該調整心態，與孩子一起探索學習的樂趣，而不是單純關注成績與競爭。

減輕負擔不代表放棄學習，而是讓學習回歸本質，讓孩子在快樂與興趣中成長。當孩子有時間去思考、探索、感受生活，他們才能真正培養出終身學習的能力，為未來打下最堅實的基礎。

讓孩子愛上閱讀：培養興趣與習慣

許多父母希望孩子多閱讀，但往往採取錯誤的方法，如強迫孩子讀特定的書籍或將閱讀與學習成績畫上等號，這樣反而可能讓孩子對閱讀產生抗拒。事實上，閱讀應該是一種樂趣，而不是壓力，只有讓孩子享受閱讀的過程，他們才能真正愛上閱讀，並從中受益。

孩子學習閱讀的發展歷程

孩子的閱讀能力並非一蹴可幾，而是經歷一個逐步發展的過程：

了解事物階段（嬰兒期至 1 歲）：透過觀察周圍環境，開始理解物品與聲音的關聯。

圖像與聲音聯結（1 至 2 歲）：當大人指著圖畫並說出名稱時，孩子開始理解圖像與語言之間的關係。

識字與語言發展（2 至 3 歲）：能夠辨識簡單的圖案與符號，並開始學習將字詞組成句子。

自主閱讀（3 歲以上）：透過不斷聽故事、看書，開始了解文字並自主閱讀。孩子的閱讀興趣和習慣若能在 3 歲以前開始培養，未來的語言能力、學習能力與專注力都會顯著提升。

因此，父母應該在孩子幼年時期，創造良好的閱讀環境，幫助他們建立對閱讀的興趣。

第十一章　引導孩子的學習成長

如何讓孩子愛上閱讀？

❖ 1. 創造輕鬆有趣的閱讀環境

閱讀不應該是壓力，而是一種日常生活的一部分。父母可以營造一個充滿書香的家庭環境，例如：在家中設置「閱讀角」，擺放適齡書籍，讓孩子隨時可以取閱。

替孩子選購色彩鮮豔、圖文並茂的書籍，以增加閱讀的吸引力。

親子共讀，父母可以在睡前或閒暇時光與孩子一起閱讀，讓孩子感受到閱讀的樂趣。

❖ 2. 讓孩子選擇自己喜歡的書

許多父母會強迫孩子閱讀「有教育意義」的書籍，例如歷史故事、知識類讀物，但孩子更容易被卡通、繪本等輕鬆有趣的內容吸引。父母不應過度介入孩子的選書，而應該尊重孩子的喜好，讓他們自己挑選感興趣的書籍，這樣才能維持長期的閱讀興趣。

❖ 3. 閱讀不只是學習，更是一種娛樂

許多家長認為「閱讀能改變孩子的一生」，但事實上，孩子不會因為讀了一本書就完全改變，而是透過長期的閱讀習慣，潛移默化地吸收知識與價值觀。閱讀的首要目的應該是娛樂與體驗藝術，而非單純的學習工具。如果父母把閱讀當成「另一種課業」，孩子很可能會對閱讀產生抗拒。

建議作法：

允許孩子閱讀各種類型的書籍，包括漫畫、故事書、繪本等，不必過度限制「只能看有教育意義的書」。

讓孩子自由探索書籍，並鼓勵他們分享自己喜歡的故事，而不是強迫他們寫讀書心得。

運用「寓教於樂」的方式，例如透過角色扮演、故事討論等方式，讓孩子在閱讀中獲得樂趣。

❖ 4. 父母以身作則，培養孩子的閱讀習慣

孩子的行為往往受到父母的影響。如果父母本身不愛閱讀，卻要求孩子多看書，孩子很可能也會缺乏閱讀興趣。因此，父母應該在家中示範閱讀的習慣，例如：

每天固定一段時間閱讀，讓孩子看到父母對閱讀的熱愛。

與孩子一起討論書籍內容，分享彼此的閱讀感受。

在家庭中建立「無手機時光」，減少電子設備的干擾，讓閱讀成為主要的娛樂方式之一。

❖ 5. 透過故事激發想像力與創造力

閱讀能夠幫助孩子發展想像力與創造力，特別是透過童話故事、冒險小說等題材，孩子能夠在腦海中構築故事場景，進一步培養形象思維與創造能力。

然而，在現代社會中，孩子接觸電視、手機、電腦的機會大幅增加，這些影像媒體會直接呈現畫面，降低孩子的想像空間。因此，透過閱讀來鍛鍊孩子的形象思維，變得更加重要。

建議作法：

讓孩子自己描述書中的故事情節，並試著說出自己的感受。

第十一章　引導孩子的學習成長

鼓勵孩子改編故事，例如「如果你是主角，你會怎麼做？」

讓孩子畫出自己想像的故事畫面，進一步提升創造力。

❖ 6. 提供多元閱讀媒介，增加趣味性

除了傳統紙本書籍外，現代科技也提供了許多不同的閱讀方式，例如：

電子書與有聲書：適合孩子在車上、旅行時使用，讓閱讀不受時間與空間限制。

互動繪本：透過 AR 技術讓孩子與書籍互動，增加閱讀的趣味性。

圖像小說：比傳統文字書籍更容易吸引孩子，適合剛開始培養閱讀興趣的孩子。

讓閱讀成為孩子的習慣，而非負擔

培養孩子的閱讀興趣，關鍵在於讓閱讀變成一件快樂的事，而不是父母的強迫要求。父母應該提供孩子多元的閱讀選擇，營造輕鬆的閱讀環境，並以身作則，讓孩子在無壓力的情況下愛上閱讀。

當孩子真正享受閱讀，他們不僅能從中獲取知識，還能提升想像力、創造力，甚至在未來發展出更強的自主學習能力。閱讀的價值並非在於「讀了多少書」，而是能否在日常生活中，透過閱讀培養終身學習的能力。

讓孩子愛上閱讀：培養興趣與習慣

培養孩子良好的閱讀習慣

❖ 1. 愛惜圖書，建立良好的閱讀態度

教導孩子保持書籍整潔，不撕書、不折頁。

給孩子專屬的書架，讓他學習整理自己的書籍。

鼓勵孩子記錄讀過的書，可以簡單寫下書名或畫一幅相關的圖畫。

❖ 2. 給孩子閱讀的自主權

讓孩子自己選擇想讀的書，而不是由父母決定所有的讀物。

討論孩子喜歡的書籍類型，根據其興趣推薦讀物。

若為孩子訂閱雜誌或報刊，可以讓他們參與選擇。

❖ 3. 固定閱讀時間，培養閱讀習慣

規劃每天的專屬閱讀時間，例如睡前半小時，形成固定的習慣。

避免讓孩子在疲憊或分心時勉強閱讀，否則可能產生排斥感。

透過規律的閱讀習慣，使孩子自然地把閱讀視為生活的一部分。

❖ 4. 善用圖書館與書店，拓展閱讀選擇

帶孩子到圖書館，讓他熟悉如何找書、分類書籍、借閱流程等。

替孩子辦理借書證，讓他學習管理借閱書籍的時間。

逛書店時，讓孩子自己挑選書籍，增加閱讀的自主性。

第十一章　引導孩子的學習成長

❖　5. 創造良好的閱讀環境

書本隨手可得：在孩子的房間或客廳擺放適齡的書籍，讓他能夠隨時拿起來閱讀。

閱讀角落：安排一個安靜、光線充足的閱讀區，放上舒適的坐墊或小椅子，讓孩子有個專屬的閱讀空間。

家庭閱讀氛圍：父母也應該多閱讀，以身作則，讓孩子潛移默化地養成閱讀習慣。

如何讓孩子從閱讀中獲得樂趣？

❖　1. 透過親子共讀增加互動

和年幼的孩子一起念故事書，讓孩子參與角色扮演或問答遊戲。

與年長的孩子討論書籍內容，分享彼此的心得與觀點。

當孩子問問題時，引導他透過書籍尋找答案，而不是直接給予解答。

❖　2. 讓孩子將書本知識運用於生活

讀完科學書後，讓孩子嘗試簡單的實驗，例如種植植物或觀察昆蟲的習性。

旅行前可讓孩子參與行程規劃，查閱相關地理書籍或旅遊指南。

如果孩子讀到食譜書，可以讓他嘗試簡單的料理，感受動手實踐的樂趣。

❖ 3. 提供不同形式的閱讀選擇

電子書與有聲書：對於年幼或識字能力尚未成熟的孩子，這些媒體能夠幫助他們熟悉閱讀的節奏。

圖像小說與漫畫：適合剛開始建立閱讀習慣的孩子，透過豐富的圖像來提升理解力。

互動繪本：部分書籍運用 AR 技術，讓孩子透過觸控、聲音與畫面互動，增加趣味性。

避免影響孩子閱讀興趣的錯誤做法

強迫孩子閱讀：如果孩子對某本書不感興趣，不要勉強他讀完，應該讓他自由選擇適合自己的書籍。

將閱讀視為學業壓力：閱讀應該是娛樂的一部分，而非另一項學習負擔，否則孩子可能會對閱讀產生排斥感。

過度限制孩子的書籍選擇：父母若只讓孩子讀所謂的「有教育意義」的書籍，而排除漫畫、奇幻小說等，可能會讓孩子喪失對閱讀的興趣。

以閱讀作為懲罰：若將閱讀當作懲罰方式，例如「不乖就罰你讀書」，可能會讓孩子產生負面聯想，進而抗拒閱讀。

閱讀與孩子的成長發展

研究顯示，學齡前的孩子若養成良好的閱讀習慣，在學業表現、語言能力、專注力與創造力方面，都會有顯著的提升。而進入學齡階段後，由於課業壓力增加，閱讀的時間可能逐漸減少，因此父母應持續鼓勵孩子維持閱讀習慣。

第十一章　引導孩子的學習成長

閱讀對孩子的影響包括：

提升語言能力：增加詞彙量、提升語法理解能力，使孩子更容易表達自己的想法。

促進思維與創造力：透過故事情節與角色塑造，培養孩子的想像力與批判性思考。

培養專注力：相較於影像媒體，閱讀需要孩子投入時間與精力，能夠增強專注力與耐心。

建立良好的價值觀：透過書籍內容，孩子能夠理解社會規範、人際關係以及道德價值。

讓閱讀成為孩子一生的好習慣

閱讀是一項終身受益的能力，父母應該透過適當的引導，讓孩子感受到閱讀的樂趣，而不是將其視為壓力或責任。透過建立良好的閱讀環境、提供多元化的閱讀選擇，以及尊重孩子的興趣，將能夠幫助孩子自然而然地愛上閱讀，並將閱讀視為生活中不可或缺的一部分。

最重要的是，閱讀不僅能讓孩子獲得知識，更能啟發他們的想像力與創造力，幫助他們成為更有思想、視野更廣闊的人。

第十二章
建立良好的親子關係

第十二章 建立良好的親子關係

尊重孩子：建立健康親子關係的基礎

尊重孩子是良好家庭教育的關鍵，因為孩子最早的自尊和自我價值感來自父母的態度。透過尊重孩子的獨立人格、理解他們的需求，並給予適當的自由空間，父母能夠幫助孩子在健康、安全的環境中成長，培養自信心與責任感。

為什麼要尊重孩子？

尊重孩子並不意味著對孩子的所有行為言聽計從，而是將孩子視為具有獨立人格的個體，讓他們在適當的指導下自由發展。當孩子在成長過程中感受到被尊重，他們更容易發展出：

健康的自尊心：孩子若經常被貶低、責罵，可能會喪失自信，甚至影響未來的人際關係。

獨立思考與決策能力：給予孩子一定的選擇權，能夠讓他們學習如何負責任地做決定。

良好的人際關係：孩子從父母的態度中學會如何尊重他人，進而建立健康的人際互動。如何尊重孩子？

❖ 1. 尊重孩子的基本權利

根據聯合國《兒童權利公約》，兒童擁有生存權、發展權、受保護權和參與權：

生存權：確保孩子獲得基本的生存需求，如健康、醫療與安全保障。

發展權：提供適當的教育、娛樂與自由發展的機會，使孩子能夠充分發揮潛力。

受保護權：避免孩子受到歧視、虐待或不公平對待，確保他們擁有安全的成長環境。

參與權：讓孩子有機會參與家庭決策，並學習如何表達自己的意見。

父母應該理解，孩子並不是父母的「附屬品」，他們擁有獨立的個性與權利，應該得到公平的對待與尊重。

❖ 2. 遵循孩子的成長規律

每個孩子的發展速度不同，父母應耐心等待孩子的自然成長過程，而不是一味地強迫學習。例如：

避免過度提前教育：有些父母希望孩子提早學會識字、數學或第二語言，但過度填鴨式的學習可能會適得其反，甚至導致孩子厭學。

理解孩子的心理發展階段：學齡前的孩子以遊戲為主，而非學業，父母應讓孩子透過遊戲自然學習，而不是強迫他們坐在書桌前背誦課本。

接受孩子的失敗：成長過程中，孩子難免會犯錯，父母應該以正面的態度引導，而非責備或羞辱。

研究顯示，過早強迫孩子學習可能會造成壓力過大，導致睡眠障礙、焦慮，甚至影響心理健康。因此，尊重孩子的成長節奏，允許他們循序漸進地學習，才是最好的教育方式。

❖ 3. 尊重孩子的獨立人格

父母應該將孩子視為獨立的個體，而非完全依賴自己的存在。這意味著：

第十二章　建立良好的親子關係

讓孩子擁有決策權：例如讓孩子選擇自己的衣服、玩具或課外活動，而不是父母一手安排所有事情。

支持孩子表達自己的想法：當孩子提出問題或分享自己的意見時，父母應該耐心傾聽，而非一味打斷或否定。

鼓勵孩子動手實踐：孩子在兩、三歲時就會開始說「我自己來」，父母應該讓他們嘗試做簡單的事情，如穿衣服、收拾玩具，而不是一味包辦。

孩子的自尊心與自信心往往來自於父母的態度，若父母總是以「你什麼都不會」或「你還小，聽我的就好」的語氣對待孩子，孩子可能會變得依賴、不自信，甚至缺乏自主學習的動力。

❖ 4. 讓孩子擁有自由空間

有些父母希望孩子事事完美，過度安排孩子的學習與活動，結果讓孩子失去自由探索的機會，影響創造力與自主性。尊重孩子的方式包括：

允許孩子自由探索：孩子需要透過遊戲和嘗試來了解世界，而不是被過度介入。

給予孩子個人空間：即使是年幼的孩子，也需要有屬於自己的空間，如個人的小書桌、畫畫區，讓他們感受到尊重。

避免過度干涉：許多父母習慣替孩子做決定，例如「你應該學鋼琴」、「你應該去補習」，這樣反而讓孩子失去選擇的機會。

父母應該讓孩子參與決策，並尊重他們的選擇。研究表明，過度控制的孩子往往缺乏創造力，並可能發展出叛逆心理。因此，父母應該學會放手，給予孩子適當的自由度，讓他們學習如何自我管理與獨立思考。

❖ 5. 接受孩子的個別差異

每個孩子都是獨一無二的，父母應該學會接受孩子的獨特性，而不是與他人比較。

發掘孩子的優勢：每個孩子都有不同的特長，父母應該欣賞孩子的優點，而不是過度放大缺點。

耐心引導，而非強迫模仿：有些父母希望孩子複製某個成功範例，但孩子的天賦與興趣不同，強迫孩子學習某些技能可能適得其反。

父母要理解，孩子的成長是個性化的過程，每個孩子都有屬於自己的步調，應該尊重他們的個別差異，而不是要求他們按照固定標準成長。

尊重孩子，成就未來

尊重孩子並不是溺愛或縱容，而是承認孩子的獨立性，給予適當的自由與指導，讓他們在安全與信任的環境中發展自我。父母應該：

尊重孩子的權利，讓孩子參與決策，培養自主性。

順應孩子的成長規律，避免過度介入，讓孩子自然發展。

尊重孩子的獨立人格，鼓勵孩子表達自我、培養自信心。

給予孩子自由空間，讓他們學習獨立與自我探索。

接受孩子的個別差異，尊重他們的天賦與興趣，而非過度比較。

當父母以平等的態度對待孩子，孩子也會學習如何尊重他人，並發展出健全的自尊與自信。這樣的孩子將更容易適應社會，擁有健康的人際關係，並在未來的人生道路上更加從容自信。

第十二章　建立良好的親子關係

學習尊重孩子

尊重孩子並不意味著對孩子無條件順從，而是讓孩子在受到愛與尊重的同時，學會獨立思考與負責任。以下是幾種尊重孩子的方式：

❖ **1. 傾聽與關注認真**

聽取孩子想要告訴自己的事情，讓孩子感受到自己的話語被重視。

讓孩子把話說完，不要隨意打斷。

與孩子進行目光交流，表達專注與認同。

尊重孩子的觀點和看法，允許孩子有不同甚至反對的意見。

傾聽孩子的問題，理解問題對孩子心理可能造成的影響。

❖ **2. 鼓勵孩子的自主性**

讓孩子參與家庭決策，例如選擇週末活動、家庭旅行地點等。

允許孩子做出自己的選擇，例如選擇衣服、課外活動、興趣發展方向。

放手讓孩子自己解決與朋友間的爭吵，培養其問題解決能力。

尊重孩子的隱私，避免過度監視或干涉。

允許孩子犯錯，並從錯誤中學習，而不是責罵或懲罰。

❖ **3. 鼓勵表達與創造力鼓勵孩子提出自己的想法，
　　並積極給予回應。**

與孩子一起畫畫、著色，讓他們自由發揮創意。

給予孩子自由空間，讓他們能夠探索自己的興趣，而不必被強迫學

習父母認為「應該學」的事物。

鼓勵孩子記錄自己的想法，例如寫日記、畫圖或錄音。

4. 創造和諧的親子關係

抽出時間和孩子一起玩，而不是只關心學業成績。

賞識孩子的才能，無論是學術成就、運動技能、藝術表現還是人際關係能力。

尊重孩子選擇朋友和活動的權利，避免強迫孩子交朋友或參加某些活動。

愛惜孩子的東西，不隨意丟棄或處理孩子的私人物品。

允許孩子有轉變與過渡的時間，避免過度催促或強迫改變。

5. 提供安全與信任感

透過語言或行動對孩子的努力與表現給予回應，而非僅僅關注結果。

知道如何適當地表達「不」，並提供可行的替代方案，而不是一味禁止孩子的行為。

與孩子平等交談，讓每一個孩子都有發言機會，而不是由父母單方面主導對話。

徵求孩子對某個問題的解決辦法，讓他們參與家庭討論，感受到自己的意見被重視。

第十二章　建立良好的親子關係

不尊重孩子的常見行為

有時，父母可能無意間做出了一些不尊重孩子的行為，這些行為可能會影響孩子的自尊心與親子關係：

❖ 1. 忽視孩子的需求與想法

不理會孩子試圖引起注意的問題，讓孩子覺得自己的感受無足輕重。

打斷孩子的交談，沒有耐心傾聽他們的話。

雖然花時間與孩子在一起，卻沒有真正投入感情，孩子會感覺到冷漠。

過多占用孩子的時間，讓孩子沒有自己的休閒與自由時間。

❖ 2. 過度控制與干涉

過度催促孩子，讓孩子感到壓力過大，甚至影響其學習興趣。

阻止孩子做他們真正喜歡的事情，只因為父母覺得「沒用」或「浪費時間」。

為了趕時間而中斷孩子正在進行的活動，導致孩子對學習或遊戲產生焦慮感。

過分干涉孩子的朋友與活動選擇，限制孩子的社交發展。

❖ 3. 言語與情感上的傷害

以不耐煩的口吻回答孩子的問題，讓孩子不敢再提出問題。

使用與嬰兒對話的語氣與年齡較大的孩子交談，使孩子感到被輕視。

常用貶低、諷刺的語言，例如「你怎麼永遠學不會」，這些話會影響孩子的自尊與信心。

採用體罰或辱罵的方式來管教孩子，使孩子產生恐懼與叛逆心理。

❖ 4. 過度比較與期望過高

總是拿孩子與其他人比較，例如「你看某某的成績多好，你怎麼這麼差？」這樣的比較只會讓孩子產生挫折感與自卑心理，喪失自信。

對孩子寄予過高的期望，而忽略了孩子的個別差異與興趣。

老是看到孩子的缺點，而沒有肯定孩子的優點，讓孩子無法建立自信。

第十二章　建立良好的親子關係

如何在日常生活中實踐尊重？

父母可以從小細節開始改變與孩子的相處模式，讓尊重成為親子關係的基礎：

示範尊重的行為：孩子會模仿父母的行為，當父母尊重孩子時，孩子也會學習如何尊重他人。

耐心傾聽：即使孩子的話語不成熟，也要給予他們表達的機會。

提供選擇權：讓孩子有機會做決定，學習為自己的選擇負責。

建立信任：尊重孩子的隱私，不隨意查看孩子的日記或訊息。

給予適當的自由：允許孩子探索世界，並在必要時提供指導，而不是干涉或限制。

當父母能夠真正尊重孩子，孩子也會學會尊重他人，建立健康的自尊與人際關係，為未來的成長打下堅實的基礎。

建立信任，讓孩子勇敢成長

信任是親子關係的基石，沒有信任，就沒有真正的教育。當父母對孩子缺乏信任時，孩子會失去安全感，甚至懷疑自己，影響其成長與發展。然而，許多父母在日常生活中，無意間對孩子表現出懷疑，這不僅削弱孩子的自信，也影響了他們的學習動力與人格成長。

父母如何展現對孩子的信任？

❖ 1. 相信孩子的能力

孩子並非天生無能，只是學習方式與成長節奏不同。當孩子遇到困難時，父母應該鼓勵孩子嘗試，而不是直接否定。

即使孩子某次表現不佳，也要相信他們有進步的可能。例如，當孩子考試成績不理想時，不應立即責備，而是了解問題所在，鼓勵孩子改善。

❖ 2. 以平等的態度對待孩子

父母應將孩子視為獨立的個體，而非需要時刻掌控的附屬品。

在與孩子交談時，避免高高在上的語氣，多使用尊重、平等的對話方式，例如：「你覺得這件事應該怎麼解決？」而不是「你就照我說的做！」

❖ 3. 避免過度干涉

不少父母過於焦慮孩子的學業和行為，時刻監視、查問，這會讓孩子感受到壓力，反而影響表現。

第十二章　建立良好的親子關係

給孩子一定的自主空間，例如讓孩子自己安排學習時間，而不是每時每刻催促「趕快去寫作業！」

❖ 4. 對孩子的錯誤持包容態度

當孩子闖禍或犯錯時，不要急於貼標籤，例如「你怎麼這麼不聽話！」或「你怎麼這麼笨！」，這樣的話會影響孩子的自尊心與信心。

應該讓孩子明白，錯誤是學習的一部分，父母相信他能從中學習並改正。

❖ 5. 鼓勵孩子表達想法

當孩子向父母傾訴時，應該耐心聆聽，而不是立即打斷或指責。

若孩子分享自己的想法或目標，即使看似不切實際，父母也應給予支持與討論，而不是一味否定。

不信任孩子可能帶來的影響

若父母長期對孩子缺乏信任，可能會帶來以下負面影響：

孩子缺乏自信，不敢嘗試新事物，害怕失敗。

容易產生叛逆心理，認為父母總是否定自己，進而不願溝通。

學習興趣降低，覺得努力也得不到肯定，逐漸變得被動。

過度依賴父母，無法獨立思考與解決問題。如何用行動建立孩子的自信？用鼓勵取代責備：「這次考試成績不理想沒關係，我相信你下次會更努力！」

尊重孩子的選擇:「這次的課外活動你想參加哪個呢?我相信你的決定。」

允許孩子探索與嘗試:「這件事你可以自己試試看,我相信你可以做好!」

給孩子適當的挑戰:「這次家務交給你,我相信你能完成!」建立信任需要時間與耐心,但當孩子感受到父母的信任,他們將會更加自信、勇敢地面對未來的挑戰。

第十二章　建立良好的親子關係

愛的智慧：正確掌握對孩子的愛

愛孩子是每位父母的天性，但如何表達愛，卻決定了孩子的成長方式。過度控制、錯誤引導或缺乏尊重，可能讓孩子感到壓力，甚至導致叛逆心理。真正的愛，應該建立在尊重、理解與信任的基礎上，讓孩子在安全感與獨立性之間找到平衡。

用愛建立安全感

心理學研究顯示，孩子最需要的是穩定的情感依附，而非單純的物質供應。美國心理學家哈羅（Harry Harlow）曾做過一項經典實驗：將嬰猴分別放在兩種「母親」模型之間，一種是有溫暖毛絨但沒有食物的「母親」，另一種則是由冷硬金屬絲製成但能提供奶水的「母親」。結果顯示，嬰猴幾乎整天依偎在毛絨母親身上，只在餓時才會短暫靠近金屬絲母親，顯示「情感上的依附」遠比「生理需求」更重要。

這與人類的成長過程相似。孩子需要的並不只是物質滿足，而是來自父母的關心、擁抱與情感支持。如果孩子的心理需求未被滿足，即使物質再充裕，也可能影響其情緒發展，甚至導致未來人際關係的問題。

如何在生活中提供安全感？

避免過度威脅與懲罰：不應把愛當作控制工具，例如「你不聽話，就不愛你了」或「不乖就不抱你」。

給予穩定的陪伴：每天固定的親子時間，如睡前故事、擁抱、對話，

讓孩子感受到被愛。

允許孩子探索世界：當孩子想嘗試新事物時，不要過度干涉，而是提供安全引導，讓他們建立自信。

避免過度控制與錯誤引導

許多父母在愛孩子的同時，卻無意間讓孩子感受到壓力。例如，一位母親害怕孩子未來酗酒，於是不斷提醒：「你不能跟舅舅一樣酗酒！」結果，孩子為了讓母親「安心」，反而去嘗試喝酒，這就是典型的「心理暗示效應」。類似的情況還包括：

「你一定要考第一，不然媽媽會很難過。」→ 孩子開始把成績與父母的愛掛鉤，產生焦慮與壓力。

「你怎麼這麼不聽話？媽媽是為你好！」→ 讓孩子覺得自己的感受不重要，甚至失去自主判斷能力。

如何給予適當引導？少用否定語氣，多用正面引導：「我們家不喝酒，因為我們愛惜健康。」比「你不能學舅舅！」更有效。

不要讓孩子為父母的情緒負責：「媽媽希望你考試好，但不管如何，我都愛你。」讓孩子知道愛是不會因成績而改變的。

給孩子選擇的空間：例如「你今天想先寫數學還是國語？」而不是「趕快寫作業！」

適度放手，讓孩子學習獨立

孩子需要透過探索來了解世界，例如學習洗頭、洗碗、自己穿衣等。如果父母總是插手、指責或否定孩子的努力，孩子可能會變得依

第十二章　建立良好的親子關係

賴，甚至失去主動學習的興趣。例如，一位母親看到孩子玩水洗頭，並沒有藉機引導，而是大聲呵斥，結果讓孩子對洗頭產生恐懼，這種「無意識的干涉」，往往影響深遠。讓孩子自主學習：

允許孩子嘗試，不怕弄髒弄亂：例如孩子想自己吃飯，即使弄得桌上都是飯粒，也應該讓他練習。

給予正向回饋：「你洗頭洗得很好，下次可以再多搓幾下，會更乾淨哦！」比「怎麼洗得這麼亂？」更能激勵孩子。

避免過度保護：讓孩子自己嘗試解決問題，而不是每次都幫忙代勞。

學習正確表達愛

愛並不是單向的給予，而是建立在理解與尊重之上。許多孩子在成長過程中，因為缺乏父母的適當表達，容易出現兩種極端：

極度渴望愛 → 變得依賴、缺乏自信，甚至害怕失敗。

害怕愛或拒絕愛 → 變得冷漠、不擅長表達情感，甚至在人際關係中缺乏同理心。

如何讓孩子感受到愛？

語言表達：「我愛你」、「我很為你驕傲」、「你很特別」等，能有效提升孩子的自尊心。

行動表達：擁抱、拍肩、握手，甚至只是專注聆聽孩子說話，都能讓孩子感受到關心。

尊重孩子的感受：「我知道你現在很生氣，沒關係，我們可以一起想辦法。」讓孩子理解情緒是可以被接納的。

> 愛的智慧：正確掌握對孩子的愛

讓孩子學會愛

當孩子在成長過程中感受到被愛，他們才會學會如何去愛別人。例如，在某幼兒園觀察中，發現虐待動物的孩子，多半來自缺乏愛或過度壓抑的家庭。這些孩子平時膽小、缺乏自信，但在欺負小動物時，卻顯得特別「勇敢」，這顯示他們可能將壓抑的情緒發洩在動物身上。

讓孩子感到被愛：每天的擁抱、鼓勵，會讓孩子知道愛是什麼。

讓孩子學會分享與關懷：可以帶孩子去照顧動物、關心同學，培養同理心。

以身作則，示範愛的表現：孩子的學習來自觀察，如果父母能夠尊重別人、關懷社會，孩子自然也會學習這些價值。讓愛成為孩子成長的力量。

正確掌握對孩子的愛，不僅是給予物質，更是提供穩定的情感支持、適當的獨立空間，並允許孩子自主探索與犯錯。當孩子感受到真正的愛，他們不僅會建立自信，也會學會如何愛自己、愛他人，這才是愛最重要的價值。

第十二章　建立良好的親子關係

建立健康的家庭角色

在家庭中，如何擺正孩子的位置，是每位父母都需要思考的課題。過度以孩子為中心，容易讓孩子產生依賴與自我膨脹的心理，影響未來的獨立發展。因此，家庭應該保持良好的結構，讓孩子在尊重與關愛中學習如何與世界相處。

孩子不是家庭的中心

許多父母習慣將孩子置於家庭的核心，事事以孩子為優先，結果卻養成了孩子的任性與依賴。若孩子從小習慣了家人圍著自己轉，他們將難以理解尊重與付出的價值，長大後容易變得自私或缺乏同理心。如何避免孩子成為家庭的絕對中心？

強調家庭是一個整體：孩子是家庭的一部分，而非主宰。父母可以在日常生活中強調「我們是一個團隊」，讓孩子學會尊重他人的需求，而不是總是以自己為優先。

父母的需求不應被忽視：父母的感情與需求同樣重要，例如夫妻關係應該是家庭的核心，而非讓孩子干涉過多。

讓孩子學習分享關注：當孩子要求過多關注時，可以適時告知：「現在是爸爸媽媽的時間，等一下我們再來聊你的事情。」

避免過度關注，讓孩子學會獨立

孩子需要愛與關注，但過度的關注反而會讓孩子變得依賴，甚至缺乏自信。許多父母以為只要時時刻刻陪伴孩子，就是最好的愛，但其

實，適當的距離能讓孩子學會自我調適與獨立思考。讓孩子學會自己解決問題：

當孩子遇到困難時，父母應該提供指引，而非直接代勞。例如：「你覺得這個問題怎麼解決？試試看，爸爸媽媽相信你可以做到。」

減少過度指導：孩子做決定時，父母應該給予建議，而不是直接干涉。例如：「你可以選擇藍色或紅色的外套，你覺得哪個更適合今天的天氣？」

適當地放手：當孩子慢慢成長，應該逐步讓他們自己管理時間、選擇朋友、規劃活動，培養責任感。

父母應該擁有家庭主導權

父母是家庭的核心決策者，孩子則應在合適的範圍內參與家庭事務。如果讓孩子的意見凌駕於父母之上，將容易造成親子關係的失衡，甚至影響家庭的和諧。父母在關鍵決策時應堅持立場：例如「是否搬家」、「是否購買大件物品」、「是否改變生活方式」等重大決策，父母應該有最終決定權，而非完全依賴孩子的意見。

不讓孩子干涉夫妻關係：有些父母在爭執時會徵求孩子的意見，這樣的做法容易讓孩子感到壓力，甚至介入父母的關係。應該讓孩子明白：「大人的事情由大人解決，這不需要你來擔心。」

讓孩子學會尊重規範：在家庭規則上，父母應該堅持基本的行為準則。例如：「餐桌上不玩手機」、「晚上10點前必須睡覺」，讓孩子明白規矩的重要性。

第十二章　建立良好的親子關係

夫妻關係穩固，孩子才能安心成長

健康的夫妻關係是孩子成長的基石。如果父母之間關係緊張，孩子會感受到家庭的不安，甚至影響心理發展。因此，父母應該優先經營好彼此的感情，並以穩定的方式影響孩子。

夫妻之間保有獨立的空間：不要讓孩子完全占據生活，夫妻應該有專屬的時間來維繫感情，如每週一次約會或共同興趣活動。

不讓孩子成為夫妻爭吵的「仲裁者」：如果夫妻有意見分歧，不應該讓孩子介入，而應該以冷靜的方式處理，並避免在孩子面前爭吵。

以正面方式示範溝通技巧：讓孩子看到父母如何在爭執中理性溝通，例如「我們來討論解決方案，而不是互相指責。」

讓孩子學會適當參與家庭事務

孩子不是家庭的決策者，但他們應該被賦予一定的參與權，這能讓他們學會責任與團隊合作精神。例如：

讓孩子參與家庭規劃：例如家庭旅遊計畫，可以讓孩子提出建議，但最終決定仍由父母做主。

鼓勵孩子承擔家庭責任：例如幫忙倒垃圾、整理房間，讓孩子理解家庭運作需要每個人的付出。

讓孩子學習如何表達意見：培養孩子的溝通能力，鼓勵他們說出想法，但同時也要學會尊重他人的意見。

> 建立健康的家庭角色

讓孩子在家庭中找到合適的位置

　　孩子需要愛與關注,但並不應該成為家庭的主宰。父母應該建立清晰的角色分工,在愛與規範之間找到平衡,讓孩子在尊重與適度的獨立中成長。當父母能夠擺正孩子的位置,孩子將會更加自信、獨立,並且學會如何與世界建立健康的關係。

第十二章　建立良好的親子關係

找到適合自己的教養方式

每位父母的教育方式不同，影響著孩子的成長與未來發展。該如何在管教與自由之間取得平衡，讓孩子在健康的環境中成長？

美國心理學家黛安娜・鮑姆琳德（Diana Baumrind）提出的三種教養類型——權威型、寬容型與專制型，為我們提供了一個分析框架。

❖ 1. 權威型：在規範中給予孩子自由

特點：

父母在孩子心中有權威，但這種權威來自相互尊重與有效溝通，而非強迫與威嚴。

孩子可以對父母的要求提出異議，並說明理由，父母則會根據孩子的想法適當調整要求。

當孩子遇到困難時，父母不只是責備，而是積極提供實質幫助，鼓勵孩子解決問題。

影響：

孩子通常具有較高的自信心、責任感與社交能力，能夠在自由與紀律之間找到平衡。這樣的孩子往往在學業與個人成就上都表現良好，並且較能適應社會變化。

適合的家長：

希望孩子能夠獨立思考，又希望給予他們良好指導的家長。

❖ 2. 寬容型：給予最大自由但較少規範

特點：

父母給予孩子極大的自由，尊重孩子的個人意願，甚至接近「放任」的態度。

很少設立規範，讓孩子自行探索世界，但當孩子需要幫助時，父母仍然願意提供協助。

影響：

這樣的孩子通常擁有較強的創造力與自主性，但可能缺乏紀律與自控能力。在學業與社交上，他們可能表現得不夠穩定，容易受環境影響。

適合的家長：

希望孩子擁有最大的自由與選擇權，相信孩子能夠自主學習成長的家長。

❖ 3. 專制型：高度控制但缺乏溝通

特點：

父母要求孩子絕對服從，無法接受異議。

親子關係強調「大人」與「孩子」的不對等，孩子的所有行為都必須受到嚴格監督。

父母相信「嚴格才是愛」，希望透過高度控制來確保孩子按照預定計畫成長。

影響：

這樣的孩子雖然學業表現通常不錯，但容易缺乏創造力與獨立思考能力。他們在面對挑戰時，可能習慣等待指示，而不是主動解決問題。

第十二章 建立良好的親子關係

此外，他們在社交場合中可能缺乏自信，害怕表達自己的意見。

適合的家長：

注重紀律與傳統價值觀，希望孩子完全按照規劃發展的家長。

❖ 4. 如何在三種教養方式中找到平衡？

每位家長都有自己的教養方式，但極端的專制或完全放任都可能對孩子的成長產生不利影響。最理想的方式是結合權威型的優點，在紀律與自由之間找到適合孩子的平衡點。

可採取的調整方法：

學會與孩子溝通：不只是單向指導，而是讓孩子也有機會表達自己的想法。

設定清楚的規範，但允許彈性調整：例如，孩子可以選擇自己的興趣，但仍需要完成基本學業要求。

給孩子試錯的機會：允許孩子犯錯，並在錯誤中學習，而不是每一步都由父母控制。

尊重孩子的成長節奏：不同的孩子有不同的需求，家長應適時調整教養方式，而非一味比較或強迫。

適度引導，讓孩子找到自己的方向

父母的角色應該是孩子的引導者，而不是完全的指揮者或旁觀者。當父母能夠給予適當的自由與支持，孩子將能夠在成長過程中學會獨立思考、自主學習與自信表達，最終成為能夠適應社會、擁有競爭力的人才。

建立規範與尊重的橋梁

在傳統的家庭教育中，父母與子女的關係往往是不對等的，孩子被動接受指導，鮮少有討論的空間。然而，透過訂立「親子協議」，可以讓孩子在規範之中學習責任，同時也讓父母學會尊重孩子，增強彼此之間的信任與溝通。這種做法已在許多國家得到廣泛應用，並取得了顯著的成效。

❖ 1. 什麼是親子協議？

親子協議是一種明確父母與孩子責任與權利的約定，可以是口頭的，也可以是書面的。它與一般的規則不同，因為它是雙方共同協商訂定的，而非由父母單方面制定。因此，協議本身具有平等、約束性與可修改的特性。

例如，孩子若想要獲得某項特權（如額外的遊戲時間、零用錢或購買特定物品的機會），就需要履行某些約定的責任（如完成作業、保持房間整潔、幫助家務等）。協議還需明確違約時的處罰方式，以確保其有效執行。

❖ 2. 訂立親子協議的好處

培養責任感：透過協議，孩子能理解自己的行為會帶來後果，進而學會自律與承擔責任。

強化規範意識：讓孩子在公平的條件下理解規則的重要性，培養守約精神。

第十二章　建立良好的親子關係

改善親子關係：減少因溝通不良產生的爭吵，增強互相理解與尊重。

提高自我管理能力：協議讓孩子學會規劃與管理自己的時間，養成良好習慣。

增加動機與成就感：透過明確的獎勵機制，孩子會更有動力完成目標。

❖ 3.訂立親子協議的步驟

第一步：共同討論與協商讓孩子參與制定協議，確保他們了解內容，並給予意見。

確定具體條件：如「每週五前完成作業，可額外使用電子產品 30 分鐘」。

雙方權利對等：孩子的意見應受到尊重，不能是單方面的命令。

第二步：確立可執行的內容訂定具體明確的條款，避免含糊不清，如「每天整理房間」改為「每天晚上 8 點前整理房間，地面無雜物，書桌整齊」。

列出行為對應的獎勵與處罰，如「完成一週規定的家務，可獲得 50 元零用錢；若未達成，每次扣除 10 元」。

第三步：書面化與簽署書面記錄協議內容，讓孩子也在協議上簽名，以提高承諾感。

張貼在顯眼處，如孩子的書桌、冰箱或公告板，方便提醒與監督。

第四步：執行與調整堅持執行，若孩子違約，應確實執行處罰，避免協議流於形式。

適時檢討與修正，如發現某些條款不適合，應進行修改，讓協議更具實用性。

❖ 4. 如何確保協議有效執行？

父母需以身作則

　　孩子是否願意遵守協議，取決於父母是否言出必行。例如，若父母未履行承諾，孩子也會覺得協議不具約束力。

　　若父母希望孩子準時回家，自己也應該尊重約定的時間，例如承諾週末帶孩子去圖書館，就不能臨時取消。

讓協議具有彈性

　　若發現孩子無法達成某些條款，可共同討論調整，如「每天閱讀 30 分鐘」改為「每天閱讀至少 20 分鐘，週末補足」。

　　可視孩子的成長與需求，適時修訂協議，例如暑假期間可能會有不同的要求與安排。

❖ 以正向鼓勵為主

　　與其用懲罰來嚴格規範孩子，不如透過適當的獎勵來激勵他們，如完成學業後可選擇自己喜歡的活動。

　　例如：「若能連續兩週完成作業，週末可選擇看一場電影或去公園玩。」

❖ 讓孩子感受到公平

　　如果孩子覺得協議不公平，可能會缺乏動力去遵守。因此，在訂立協議時，應尊重孩子的意見，並給予適當的選擇權。

　　例如：「你希望用哪種方式來完成每日的家務？」、「如果這個條款讓你覺得太困難，你有什麼其他建議？」

第十二章　建立良好的親子關係

協議是尊重與責任的體現

　　透過訂立親子協議，孩子能夠更清楚自己的責任，也能體會到父母的尊重與信任。這不僅是建立良好行為習慣的工具，更是讓親子關係更加和諧的橋梁。當父母學會以平等、尊重的態度與孩子溝通，孩子也會學會如何以負責任的方式回應期待，進而培養獨立思考與自律的能力。

給孩子選擇權：培養自主與責任感

在家庭教育中，尊重孩子的選擇權是培養其獨立思考能力與責任感的關鍵。許多父母習慣替孩子做決定，擔心孩子的選擇不夠成熟，會走彎路。然而，真正的成長來自於實踐與試錯，孩子需要有機會做決定，才能學會辨別、承擔結果，並從經驗中學習。

❖ 1. 為何要給孩子選擇權？

培養決策能力：讓孩子有機會選擇，有助於提升其獨立思考與判斷力。

增強責任感：自己做決定，就要對後果負責，這能促使孩子更謹慎思考。

提升學習動機：當孩子對選擇的事情有興趣，他們會更有動力去學習和投入。

增強親子關係：當孩子感受到被尊重，他們會更願意與父母溝通，而非對抗。

❖ 2. 什麼樣的事情可以讓孩子選擇？

在生活的各個層面，孩子都可以參與決策，從小培養選擇的能力。例如：

日常生活選擇今天要穿哪一件衣服？

晚餐想吃什麼？

第十二章　建立良好的親子關係

假日要去哪裡玩？學習相關選擇先寫數學作業還是國語作業？

放學後要在家寫功課還是去圖書館？

這週要讀哪本書？興趣與活動想學鋼琴還是吉他？

選擇參加運動隊還是話劇社？

週末想畫畫還是去戶外活動？家庭責任這週負責洗碗還是倒垃圾？

想怎麼布置自己的房間？

週日午餐想由誰來準備？

❖ 3. 讓孩子選擇≠放任自由

有些父母擔心：「如果讓孩子選擇，他們會做出錯誤的決定，甚至耽誤學業。」但這並不代表父母應該完全放手不管，而是在適當的範圍內給予選擇權，並指導孩子學會判斷與負責。

正確做法：

提供有限的選擇範圍：「你今天想吃魚還是雞肉？」而不是「你想吃什麼？」

討論選擇的利弊：「選擇這堂課，你可能會學到新技能，但需要花較多時間練習。」

給孩子承擔後果的機會：選擇熬夜不讀書，隔天考試考不好時，父母應讓孩子自己面對後果，而不是責罵或幫他解決問題。

錯誤做法：

完全放任：「隨便你想怎樣就怎樣。」

用威脅操控孩子：「如果你不選這個，以後就別來找我幫忙。」

事後干涉：孩子做了選擇後，父母又後悔，強行改變他的決定。

❖ 4. 讓選擇成為學習的機會

選擇不只是決定「做或不做」，更重要的是從選擇的過程中學習思考與決策。父母可以用提問的方式幫助孩子做出更明智的選擇，例如：

「你為什麼選擇這個？」（引導孩子思考選擇的動機）

「如果這樣做，可能會有哪些後果？」（幫助孩子預測未來）

「有沒有其他更好的選擇？」（培養孩子比較與分析能力）

「你準備怎麼應對這個選擇的挑戰？」（鼓勵孩子負責任）

這樣的對話方式，能讓孩子在做選擇時更有思考深度，避免衝動決策。

❖ 5. 孩子做錯選擇時，父母該怎麼辦？

不要說：「我早就跟你說了！」

孩子做錯決定時，父母最忌諱的就是指責，這會讓孩子不願意再嘗試，甚至害怕做決定。相反，父母應該：

讓孩子反思：「這次的選擇和你原本預期的一樣嗎？」

提供支持：「你覺得下次可以怎麼做得更好？」

鼓勵孩子承擔結果：「這是你的選擇，沒關係，我相信你可以從這次經驗學到東西。」例如，如果孩子堅持選擇參加兩個才藝班，結果發現時間太緊湊，壓力很大，父母不應責備，而應鼓勵他思考：「你覺得這樣的安排對你來說是不是太累了？要不要考慮減少一項，或是調整時間？」這樣能讓孩子在不受打擊的情況下，學會如何權衡選擇。

第十二章　建立良好的親子關係

尊重孩子的選擇，孩子也會尊重父母

「尊重」是互相的，當孩子感受到被尊重，他們也會學會尊重別人的選擇，包括父母的決定。

如果父母總是強迫孩子聽話，孩子會產生反抗心理；但當父母願意傾聽，孩子也會更願意與父母溝通，並理解父母的難處。

例如，在討論家庭假期時，父母可以說：「我們的預算有限，這次無法去國外旅行，但我們可以一起討論，看看有沒有其他有趣的國內旅遊方案。」這樣能讓孩子體會到選擇需要考慮現實條件，也學會尊重父母的決策。

給孩子選擇權，讓他學會選擇

讓孩子擁有選擇權，不代表讓他們「為所欲為」，而是幫助他們在試錯中成長，學會負責任的決策。孩子需要透過選擇來學習，而父母的角色是引導，而非控制。透過這樣的教育方式，孩子不僅會變得更自信、更有判斷力，也能在未來更獨立地面對生活的挑戰。

培養健康的學習心態

一位著名教育家曾說:「小心你的教鞭下有瓦特,你的冷眼裡有牛頓,你的譏笑裡有愛迪生。」這句話提醒我們,父母的態度可能決定孩子的成長方向。許多偉人小時候並不被看好,但如果父母能夠以正確的方式鼓勵與引導,孩子就可能發展出卓越的才能。

然而,在現實生活中,許多家長過度關注成績,甚至將分數視為衡量孩子能力的唯一標準。這種觀念不僅影響孩子的學習心態,也可能傷害孩子的自信心,導致厭學、焦慮,甚至產生作弊等行為。因此,父母應該學會如何正確看待孩子的成績與榮譽,幫助他們建立健康的學習態度與價值觀。

1. 以正確的心態看待成績

❖ 成績≠孩子的全部

考試成績只能部分反映孩子對知識的掌握程度,卻不能完全代表孩子的智力、努力程度、潛能。影響成績的因素很多,包括:

題目難度與範圍

孩子的身心狀態(例如考試壓力、疲勞、緊張)

學習策略與時間管理

錯誤做法:

只看分數,不關心過程:「你這次考得不好,下次再這樣就不要玩了!」

第十二章　建立良好的親子關係

硬性規定目標，忽略個別差異：「你一定要考到 95 分以上，否則就不許看電視！」

過度比較，造成壓力：「你看某某同學都考第一名，你怎麼就這麼差？」

正確做法：

分析試卷，找到進步空間：「這次數學題哪裡比較困難？我們一起看看如何改進！」

關注學習態度與過程：「雖然這次分數沒達到你的目標，但我看到你很認真準備，這點很值得鼓勵！」

尊重孩子的學習節奏：「這次沒考好不要緊，我們看看哪些地方還可以加強，慢慢來。」

2. 孩子考差了，父母應該怎麼做？

許多父母會因孩子成績不理想而責備、懲罰，但這種做法往往適得其反，導致孩子：

失去學習動機，對學習產生負面情緒。

害怕失敗，可能選擇作弊或隱瞞成績。

自信心受挫，產生自卑感。

正確的處理方式：

擇善讚賞：「這次數學雖然不理想，但你的作文進步了很多，這說明你的努力是有效的！」

探查原因：「你覺得這次考不好，是因為題目太難，還是因為沒有掌握關鍵概念？」

共同擬定改進計畫：「我們一起來想想，下次可以怎麼準備得更好？」

讓孩子參與改變：「你覺得如果每天多做幾道題目，對你的理解會有幫助嗎？」

父母的關鍵角色是幫助孩子建立自我調整與反思的能力，而不是單純地責罵或壓迫孩子。

3. 正確對待孩子的榮譽

德國作家席勒曾說：「還有比生命更重要的，那就是榮譽。」然而，父母對待孩子榮譽的方式，往往會影響孩子的價值觀。有些父母漠視孩子的成就，讓孩子失去自信；有些則過度強調榮譽，讓孩子無形中承受壓力，甚至為了獲獎而忽略學習的本質。

錯誤做法：

漠視孩子的榮譽：「不過是個比賽獎狀，沒什麼了不起的！」

過度張揚孩子的成就：「我們家孩子是全班第一，我們特地辦了一場慶功宴！」

將榮譽與價值綁定：「只有拿第一名，你才是最棒的！」

正確做法：

適度肯定與鼓勵：「你這次得獎，代表你的努力有成果，繼續保持！」

將榮譽視為努力的回報，而非唯一目標：「比賽結果很重要，但更重要的是你學到了什麼！」

鼓勵內在動機：「無論有沒有得獎，你能夠堅持努力，這才是最可貴的地方！」榮譽應該是努力的副產品，而不應成為孩子唯一的學習動機。

第十二章　建立良好的親子關係

父母應該引導孩子珍惜榮譽，但不迷失在榮譽裡，讓孩子理解努力本身才是最重要的價值。

4. 讓孩子學會正確看待自己的成績與榮譽

父母的態度會直接影響孩子如何看待自己。當孩子學會以健康的心態面對成績與榮譽，他們才能真正找到學習的樂趣與自我價值。

培養孩子健康的學習態度：

把分數當作參考，而非絕對標準：「這次進步了一些，還有進步空間，加油！」

讓孩子學會調適壓力：「每次考試都會有不同的挑戰，我們一起學習怎麼應對。」

鼓勵孩子設立個人目標，而不是與他人比較：「你這次比上次進步了，這才是最重要的！」

培養孩子正確的榮譽觀：

教導孩子榮譽來自努力，而非炫耀：「這次獲獎，是你的努力換來的成果，值得驕傲！」

引導孩子珍惜比賽的過程，而非只看結果：「比賽的經驗最重要，無論結果如何，你都值得肯定！」

讓孩子學會欣賞他人：「除了自己的成就，也要學會看到別人的優點！」

善待成績,讓孩子愛上學習

對待孩子的成績與榮譽,父母的態度決定孩子的成長方向。一個健康的學習環境,應該讓孩子能夠:

勇敢面對挫折,不因成績低落而喪失自信。

享受學習過程,而非只追求分數與名次。

以榮譽為激勵,但不迷失在追求榮譽之中最重要的是,讓孩子理解:「成長比成功更重要,努力比結果更珍貴!」 當孩子真正愛上學習,他們的成績與榮譽,將會是自然的成果。

第十二章　建立良好的親子關係

允許孩子犯錯，讓學習成為成長的一部分

　　在孩子的成長過程中，犯錯是不可避免的，而如何面對錯誤，才是影響孩子未來發展的關鍵。美國教育家約翰‧杜威（John Dewey）曾說：「學習並非是錯誤的避免，而是從錯誤中學習。」父母若能改變對錯誤的態度，讓孩子在錯誤中學習與成長，將能培養他們的獨立性、自信心與問題解決能力。

1. 孩子需要「試錯」的機會

❖ 錯誤是最好的老師

　　當孩子嘗試新事物時，往往會犯錯，例如：

　　第一次拿筷子吃飯，總是夾不起來；

　　第一次綁鞋帶，花了很長時間還是綁不好；

　　第一次獨自去商店買東西，可能買錯商品或忘了找零。這些錯誤都是孩子學習過程的一部分。如果父母急於介入、代勞，孩子不但少了探索的機會，還會失去解決問題的能力。例如，當孩子學習如何插鑰匙開門，如果父母馬上幫忙，他可能永遠不會記住正確的方式，但如果讓他多嘗試幾次，他就能記住並真正學會這項技能。

❖ 試錯機制的價值

　　心理學家桑代克（Edward Thorndike）曾提出「試誤學習（Trial and Error Learning）」，指的是人在不斷嘗試與犯錯的過程中，逐步找到解決

> 允許孩子犯錯，讓學習成為成長的一部分

問題的方法。這種學習方式對於孩子的動手能力、獨立思考能力、應變能力都有極大的幫助。

2. 哪些錯誤應該立即糾正？
哪些應該讓孩子自己學習？

孩子的錯誤可分為兩種：

應該讓孩子自行學習的錯誤（與生活經驗有關）

孩子想學習綁鞋帶，結果打結打不好 → 讓他多嘗試幾次

孩子吃飯時弄得滿桌都是 → 讓他自己學會如何清理

孩子騎腳踏車跌倒 → 讓他再試幾次，學會掌控平衡

孩子忘了帶作業，老師請他回家拿 → 讓他承擔後果，學會負責

這類錯誤不是危險行為，而是學習的機會，如果父母急於介入，孩子將無法培養解決問題的能力，也可能變得過度依賴。

需要立即糾正的錯誤（影響品格與安全）

欺負同學或動手打人 → 立即糾正並教育孩子尊重他人

說謊或推卸責任 → 幫助孩子建立誠信觀念

在馬路上亂跑 → 與孩子說明危險，讓他明白安全的重要

拒絕整理房間、亂丟垃圾 → 教導孩子基本的生活責任

這類錯誤如果放任不管，可能影響孩子的品德與行為習慣，因此父母需要適時指導。

3. 允許孩子犯錯的好處

孩子從錯誤中學到的，比單純聽講更多！

❖ 增強問題解決能力

如果父母讓孩子自行解決問題，他們會發展出更好的觀察力、思考力與應變能力。例如，孩子第一次做數學題目時可能會出錯，但透過錯誤修正，他會更清楚理解解題步驟，這比直接告訴答案來得有效。

❖ 培養獨立與責任感

允許孩子犯錯，並讓他承擔後果，能培養他的責任感。例如，孩子如果忘了帶作業，讓他回家取回，而不是父母幫他送去，這樣他才會記住下次要檢查書包。

❖ 建立自信與抗壓性

許多父母害怕孩子遭遇挫折，會想要「保護」孩子，但這樣反而削弱了孩子的心理韌性。當孩子學會「錯了沒關係，重要的是找到解決方法」，他們會變得更加自信，面對困難時也更能承受壓力。

4. 父母如何幫助孩子從錯誤中學習？

❖ 1. 讓孩子有嘗試與失敗的機會

「不要害怕犯錯，因為每一次錯誤都是學習的機會！」當孩子嘗試新事物時，父母可以在旁鼓勵，但不要急於糾正。例如：

> 允許孩子犯錯，讓學習成為成長的一部分

孩子自己穿衣服，雖然鈕扣扣錯了，也讓他自己發現錯誤並修正。

孩子學習用筷子時，讓他慢慢練習，而不是直接換成湯匙。

❖ **2. 讓孩子承擔錯誤的後果**

如果孩子因為貪玩沒寫完功課，讓他自己向老師解釋，而不是幫他寫完；如果他忘了帶雨傘，就讓他淋點雨，下次他會記得準備。

❖ **3. 教孩子「錯誤→分析→改進」的思考模式**

當孩子犯錯時，可以和他一起思考：

發生了什麼？（錯誤的情況）

哪裡出了問題？（分析原因）

下次怎麼改進？（學習新方法）

例如，孩子考試成績不理想時，可以這樣引導：

「這次沒考好沒關係，我們來看看哪些題目比較難？」

「你覺得是時間不夠，還是有些地方沒理解？」

「下次要怎麼做才能更好？」

這種方式能夠讓孩子從錯誤中找到進步的方法，而不是陷入自責與恐懼。

錯誤是最好的學習機會

孩子的成長過程中，錯誤與挫折是無可避免的。但如果父母懂得如何引導，錯誤將成為孩子學習、成長與進步的動力。與其一味糾正、責

第十二章　建立良好的親子關係

罵孩子，不如給予適當的試錯機會，讓孩子學會如何從錯誤中改進，培養出堅韌、自信、獨立的個性。

記住，允許孩子犯錯，不是放任不管，而是給予他們成長的空間。學習並不是避免錯誤，而是從錯誤中學習！

關鍵在於理解與引導

許多父母和老師常為孩子的行為困惑，特別是當孩子開始頂嘴、不服管教、甚至反抗權威時，可能會覺得自己失敗，或認為孩子變得任性無理。然而，孩子的「問題行為」背後往往有更深層的原因，真正的關鍵在於理解、接納並引導孩子，而非一味責備或懲罰。

1. 為何孩子會「不服管教」？

孩子的行為往往與外在環境與內心需求息息相關，尤其在傳統教育環境下，許多孩子之所以「不聽話」，是因為內心長期未被理解與尊重，而不是單純的「頑劣」。

❖ 分數至上的教育環境影響孩子行為

在目前的教育體系中，學業成績仍是評價孩子的主要標準。成績優秀的孩子往往得到老師的關愛與同學的尊重，而成績落後的孩子則可能被忽視，甚至被貼上不好的標籤。

成績好的孩子，更容易被老師寬容，即便犯錯，老師也可能認為他「有正當理由」，並給予更多機會。

成績不理想的孩子，即使同樣犯錯，卻可能被認為是「懶惰、不努力、不守紀律」，受到更嚴格的指責與處罰。

長期處於被忽略、不被接納的狀態，孩子自然會產生反抗心理，甚至藉由頂嘴、故意違規等方式來吸引關注，或發洩內心的不滿。

第十二章　建立良好的親子關係

❖ 過度「管教」可能適得其反

許多父母對孩子的教育方式，仍停留在「管」與「教」的層面，而忽略了孩子的需求與情感。

以學業為唯一標準：很多家庭會要求孩子將所有時間投入課業，忽略孩子的興趣、情感與社交需求，這種單一化的教育方式，容易讓孩子感到壓抑，進而產生抗拒。

忽略溝通，只求服從：一些父母或老師在教育孩子時，採取權威式的命令，如：「我都是為你好，你只要聽話就對了！」但這樣的態度會讓孩子覺得自己沒有選擇權，進一步強化他們的叛逆心理。

愛玩是孩子的天性：孩子需要透過玩耍探索世界，但如果長期被禁止玩耍，反而會加劇孩子的叛逆與逃避心理。家長應調整對「管教」的認知，與孩子建立真正的溝通管道。

2. 如何引導孩子，而非「控制」孩子？

孩子的行為往往是內在需求的表現，當孩子表現出不服從或叛逆時，父母應該試著理解其行為背後的原因，而不是立即責罵或懲罰。

❖ 接納孩子的情緒，建立正向溝通

孩子的頂嘴或抗拒，很多時候是因為內心感到委屈、不被理解。當孩子表達不滿時，父母應該學會耐心傾聽，並用溫和的方式引導他們表達感受。

錯誤示範：

「你怎麼這麼沒禮貌？我說的話你都不聽！」

「你就是太任性,說不可以就是不可以!」

正確示範:

「你剛剛頂嘴,是不是覺得很委屈?可以和爸爸媽媽說說看嗎?」

「你想玩遊戲,但作業還沒完成,這讓你覺得很不開心,對嗎?」

透過同理與傾聽,孩子會覺得自己的感受被尊重,情緒也能得到緩解,自然會更願意與父母溝通。

❖ 讓孩子在「選擇」中學習責任

當孩子總是反抗時,可能是因為他沒有選擇權。如果父母只是一昧地命令:「現在就去寫功課!」、「不准玩電腦!」,孩子自然會產生抗拒。但如果給予一定的選擇權,他們會更願意負起責任。

透過這種方式,孩子會覺得自己擁有決定權,較不會因為被強迫而反抗。

❖ 認可孩子的努力,而不只是結果

許多父母只在意成績,但忽略了孩子的努力過程。當孩子考試失敗時,與其責罵,不如和孩子一起分析原因,並鼓勵他下次改進。

這樣的態度不僅能幫助孩子減少學習壓力,也能增強他們的自信心與學習動力。

3. 孩子本無錯,關鍵在於父母如何引導

許多孩子的「不服管教」,其實並不是錯誤,而是他們內心需求的一種表現。如果父母能理解孩子行為背後的原因,並採取正向的教育方式,不僅能改善親子關係,也能幫助孩子更健康地成長。

第十二章　建立良好的親子關係

讓愛與尊重成為最好的教育　•••••••••••

　　理解孩子的不服從，背後可能是因為壓力過大或長期未被理解。

　　調整「管教」方式，從「命令」改為「溝通」，讓孩子願意表達自己。

　　給予孩子適當的選擇權，讓他們學會為自己的決定負責。

　　肯定孩子的努力，而不只是看結果，培養他們的自信與學習動機。

孩子的純真與善良從未改變，改變的只是我們如何理解與引導他們！

用平民化的態度教育孩子，讓成長更自然

　　成功的教育不僅僅在於孩子的學業表現，更在於孩子人格的養成。父母的人格影響遠比知識或學歷來得重要，因為孩子最直接的學習方式便是模仿與感受家庭氛圍。有時候，過於嚴格的管教反而會壓抑孩子的成長，而真正有益的教育，來自於平民化的態度與生活智慧。

1. 人格力量比知識更重要

　　許多高學歷的父母，因為自身的高要求，對孩子也抱持著嚴格的教育標準，希望孩子在各方面都能表現優異。然而，這種過度嚴格的教育方式，可能會讓孩子：

感到無形的壓力

害怕犯錯，缺乏自信

對學習失去興趣，甚至產生叛逆心理

　　相較之下，一些學歷不高的父母，雖然不會用高深的知識來引導孩子，卻能以更為接地氣的方式，用自身的生活智慧、勤勞與為人處世的態度來影響孩子。他們注重的不只是「學業」，更強調誠實、責任感、堅毅等核心價值，這些人格特質往往對孩子的長遠發展更為重要。

　　孩子最終要成為一個完整的人，而不僅僅是考高分的人。

2. 過度嚴格的管教，可能適得其反

　　高學歷母親因工作繁忙，與孩子相處的時間較少，但仍對孩子有高

第十二章　建立良好的親子關係

度要求，容易形成「高標準、低陪伴」的教育模式。

孩子在高壓環境下，可能變得缺乏安全感，甚至產生叛逆心理。孩子可能因為無法達到父母的標準，而產生自卑感、焦慮，甚至學習倦怠。

教育的核心不在於要求有多高，而在於是否懂得「陪伴與尊重」孩子的成長步調。

3. 什麼是「平民化」的態度？

平民化的教育態度，並不是指放任不管，而是指以平等、親和的方式，讓孩子能夠在自然的成長過程中學習。

❖ 適度放手，讓孩子學習獨立

給孩子機會嘗試，即使犯錯，也讓他們自己學習承擔結果。

允許孩子在生活中學習基本技能，如整理房間、自己決定時間安排等。

❖ 減少過高的期待，允許孩子有自己的步調

不要因為自己的學歷高，就要求孩子一定要「贏在起跑點」。

孩子如果對某個科目不感興趣，可以嘗試讓他們自己找出學習動機，而不是一味強迫。

❖ 增加親子互動，讓孩子感受到愛與支持

與孩子建立深厚的情感連繫，比成績更重要。多陪伴孩子做一些簡單卻有意義的事情，如一起煮飯、散步、讀書等。

以生活中的智慧，讓孩子學會做人，比單純強迫學習更重要！

4. 讓孩子成為「自己」，而不是「家長的延伸」

父母的學歷或經驗，不應該成為孩子的枷鎖，而應該是支持孩子找到自己人生方向的助力。孩子需要的是：

被理解的空間：允許他們有自己的想法，而不是只接受父母的期待。

情感上的支持：讓孩子知道，無論成功或失敗，家都是他們的避風港。

人格與價值觀的養成：比起成績，誠實、堅毅、善良、勇敢等特質更值得培養。

孩子的人生是他自己的，父母要做的不是規劃，而是引導與陪伴。

第十二章　建立良好的親子關係

讓孩子自在成長

在教育孩子的過程中，最重要的不是學歷、分數或社會地位，而是父母能否提供真正的理解與支持。與其過度嚴格，不如用平等、親和、尊重的態度對待孩子，讓他們在輕鬆而自然的環境下，找到自己成長的方向。

父母不一定要當孩子的老師，但一定要當孩子的「榜樣」和「避風港」。

避免精神虐待，營造健康親子關係

童年與少年時期是人格塑造的關鍵階段，在這段時期的情緒感受不僅影響孩子的心理成長，更會對未來的價值觀與性格模式產生深遠影響。然而，有些父母在教育孩子的過程中，無意間採用了精神虐待的方式，以言語打壓、恐嚇或羞辱的方式來管教孩子，這不僅無法讓孩子變得更好，反而會造成嚴重的心理傷害。

1. 何謂精神虐待？

精神虐待並非單純的體罰，而是以言語或態度上的貶抑，對孩子的心靈造成持續性的傷害。其表現方式包括：

語言恐嚇──如：「如果你這次再考不好，就別回家了！」

嘲諷挖苦──如：「你看看人家多厲害，你怎麼這麼沒用？」

情感勒索──如：「我辛苦賺錢供你讀書，你怎麼可以這樣不爭氣？」

過度比較──如：「你的哥哥從來不會讓我們操心，你為什麼這麼差？」

這些做法雖然不涉及肢體上的懲罰，卻會對孩子造成長期的心理創傷，甚至比體罰更具破壞性。

2. 精神虐待的後果

精神虐待可能帶來的影響，並不僅限於兒時，甚至會影響孩子成年後的心理狀態。常見的負面影響包括：

第十二章　建立良好的親子關係

自卑與缺乏自信 —— 孩子長期受到責罵，會懷疑自己的能力，變得害怕表達想法，不敢嘗試新事物。

焦慮與過度迎合 —— 總是擔心自己做得不夠好，害怕被責備，導致高度焦慮，甚至過度討好他人。

叛逆與敵對心理 —— 當孩子覺得自己怎麼做都無法讓父母滿意，可能會乾脆選擇對抗，甚至採取極端行為。

情感封閉 —— 長期受到精神虐待的孩子，可能會變得不擅表達情感，甚至在未來的親密關係中出現問題。

研究顯示，童年時期經常遭受負面言語攻擊的孩子，成年後更容易出現焦慮症、憂鬱症、低自尊與人際關係障礙，影響到職場與社交生活。因此，精神虐待絕非教育的好方法，而是對孩子未來幸福的一種摧毀。

3. 以正向溝通取代精神虐待

父母在教育孩子時，應該注重溝通與情感支持，而非單方面的命令與指責。以下是一些正向溝通的方式：

肯定孩子的努力，而非只看結果

避免用比較來打擊孩子

以鼓勵取代貶低

耐心傾聽孩子的感受這些溫暖的語言能夠減少孩子的心理壓力，讓孩子感受到安全感與被尊重，進而建立自信心，樂於學習和成長。

4. 營造溫暖的家庭環境

孩子的健康成長需要一個正向、尊重、包容的家庭環境，父母可以從以下幾個方面著手：

尊重孩子的個性發展 —— 不要用單一標準衡量孩子，每個孩子都有不同的天賦與發展步調。

建立開放式的親子對話 —— 讓孩子知道，他的想法是被聽見的，而不是只能接受父母的命令。

以身作則，展現良好情緒管理 —— 父母應該示範如何以冷靜、理性的方式解決問題，而不是用憤怒與指責來回應孩子的錯誤。

注重孩子的心理需求 —— 除了關心學業成績，也要關心孩子的心理狀態，讓孩子感受到被愛與被理解。

第十二章　建立良好的親子關係

溫暖與理解，才是最好的教育

　　在教育孩子的過程中，精神虐待絕不是有效的方法，它只會破壞親子關係，並讓孩子的心理發展受挫。相反，以正向溝通、尊重與愛來引導孩子，才能真正幫助他們建立自信，勇敢面對未來的挑戰。

　　記住，父母的一句話，可能影響孩子一輩子。請用溫暖與理解，替代指責與貶低，讓孩子在愛中成長！

第十三章
避開教育的常見迷思

第十三章　避開教育的常見迷思

投資孩子，別忘了投入時間

　　許多父母願意為孩子砸下大筆金錢，卻忽略了最珍貴的投資——時間。

　　在現今社會，父母們對孩子的教育可謂不遺餘力。許多家庭花費大量金錢，讓孩子學習游泳、樂器、語言、繪畫等才藝，週末幾乎變成了學習馬拉松。然而，父母是否想過，真正影響孩子一生的，不僅僅是這些才藝課程，而是親子之間的陪伴與互動？

父母的時間，比金錢更重要

近年來，「精緻育兒」的觀念風行，許多家長認為，只要孩子有更多學習機會，他們就能更優秀。然而，許多教育專家指出，與其單純增加才藝課，不如將時間投入到與孩子的互動之中。事實上，學習才藝固然重要，但親子陪伴對孩子的心理發展與品格塑造更具決定性影響。

那麼，父母應該如何有智慧地「投時」，讓陪伴成為孩子成長的重要養分呢？

以故事為橋梁，建立價值觀

許多家長小時候都是聽著童話、寓言、歷史故事長大的，而這些故事不僅提供娛樂，更是塑造價值觀的重要媒介。例如：

從寓言故事學習道德觀：如〈龜兔賽跑〉教導孩子謙遜與努力，〈漁夫和金魚〉則傳遞知足的重要性。

從歷史故事培養責任感：例如介紹歷史人物的事蹟，讓孩子了解努力與堅持的價值。

從經典文學拓展想像力：閱讀《愛麗絲夢遊仙境》或《小王子》，讓孩子發展創意思維與同理心。這樣的互動，不僅能提升孩子的語言能力，更能幫助他們建立世界觀與價值判斷能力。

家事教育：培養責任感與生活能力

許多家庭仍普遍認為，孩子的首要任務是讀書，而家務則由父母或

第十三章　避開教育的常見迷思

長輩承擔。然而，在國外，孩子從小就會參與家庭事務，如：

參與日常家務：整理房間、清潔餐桌、洗碗等，讓孩子學習責任感與獨立性。

學習料理與理財：讓孩子參與備餐、購物，甚至透過簡單的「家庭經濟管理」，學習如何規劃與節約資源。

透過勞動理解價值：國外常見孩子在庭院中割草、整理花圃，甚至幫忙父母整理二手物品進行義賣，這不僅培養勤勞，也讓孩子了解金錢與勞動的關聯。

許多研究指出，習慣參與家事的孩子，更容易在未來職場上表現出責任感與良好的組織能力，因為他們從小就養成了獨立思考與團隊合作的習慣。

家庭旅遊：遠足與實地體驗的價值

現代孩子的學習多半來自書本與螢幕，但真正的學習應該來自生活體驗。家長可以帶孩子進行各種戶外活動，如：

爬山健行：不僅能鍛鍊體能，也能讓孩子親近自然，了解生態環境。

參觀農村或傳統市場：讓孩子見識農民的辛勤勞動，理解食物的來源與價值。

文化探索：參觀博物館、歷史遺跡，培養孩子對文化與歷史的興趣。

這些體驗不僅豐富孩子的知識，也能幫助他們建立更廣闊的世界觀，讓他們理解生活不只有學業與競爭，還有更多值得探索的事物。

培養同理心：從關懷他人開始

一位企業家媽媽，特意安排自己的孩子與孤兒、身心障礙兒童一起出遊，讓他體會到不同背景的孩子所面臨的困境。這樣的經驗，不僅讓孩子學會珍惜自己的生活，更培養了助人為樂的精神。

其他可以讓孩子學習同理心的方式包括：

參與公益活動：如陪伴長者、捐贈舊衣物、參與食物銀行等。

關心身邊的人：例如鼓勵孩子與同學分享午餐，或關心情緒低落的朋友。

與不同背景的孩子交流：讓孩子了解不同文化與生活方式，學習尊重與包容。這些實踐有助於培養孩子的社會責任感與情感智能（EQ），讓他們在未來成為更有同理心的社會公民。

真正的投資，是陪伴

家長總希望給孩子最好的資源，但真正對孩子影響最深遠的，不是金錢與補習，而是陪伴與時間。孩子的成長不僅需要知識與技能，更需要價值觀的引導、情感的滋養與生活體驗的累積。

金錢可以買到才藝課程，但買不到孩子的快樂；可以提供最好的學校，但不能取代父母的關懷。

所以，與其不停地安排課程與活動，不如多花時間陪伴孩子，與他們一起說故事、做家事、遠足旅行、參與公益，讓孩子在這些過程中，真正學會如何做人、如何與世界相處，這才是最珍貴的教育投資。

第十三章　避開教育的常見迷思

過度介入反而適得其反

「陪讀」是許多父母對孩子學習的關心表現，但這種方式真的能幫助孩子提升學習成效嗎？事實上，許多教育專家指出，過度的陪讀反而會削弱孩子的自主學習能力，甚至可能影響他們的學習動機與責任感。因此，父母在教育孩子時，應該避免「全程陪讀」的錯誤方式，而是適時關心、適度指導，讓孩子學會獨立思考與學習。

1. 陪讀容易造成孩子的依賴心理

許多家長陪孩子寫作業的初衷，是希望能夠即時輔導孩子、確保作業的品質。然而，這種方式容易讓孩子產生依賴心理，例如：

學習不專心：孩子可能覺得反正回家還有父母輔導，於是在課堂上不夠專心，缺乏獨立思考的習慣。

遇到問題不思考：作業有困難時，孩子容易直接尋求家長的解答，而不願自己動腦解決。

缺乏自我檢查習慣：父母幫忙檢查作業，讓孩子養成「反正有人會糾正」的心態，無法建立自我負責的態度。

這樣的「代勞式學習」不僅削弱了孩子的自主能力，甚至可能降低學習的興趣，因為學習變成了「父母的事」，而非孩子自己的責任。

2. 父母與學校的教學方式不同，容易讓孩子混淆

陪讀的另一個問題在於，父母的教學方式與學校的課程設計可能存在差異。例如：

解題方法不同：父母可能使用自己熟悉的計算方式，與學校老師教授的方法不同，反而讓孩子混淆概念。

過度解釋：有些家長為了確保孩子理解，可能會過度補充資訊，甚至比老師講解得更複雜，反而讓孩子感到困惑。

誤導學習方式：某些父母認為死記硬背最有效，但現代教育更強調理解與應用，這種方式可能讓孩子無法適應學校的學習要求。當孩子發現父母與老師的講解方式不同時，可能會出現「不知道該聽誰的」的困惑，甚至開始質疑學校老師的教學，影響學習成效。

3. 陪讀會讓父母感到壓力，影響親子關係

許多父母一開始願意陪讀，但隨著孩子升上高年級，課業難度增加，家長自己也感到「力不從心」。甚至有些家長會因此變得焦躁，對孩子的要求越來越嚴格，導致親子關係緊張。例如：

責備孩子的學習能力：「這麼簡單的題目怎麼不會？」、「你上課到底有沒有在聽？」

對孩子的耐心下降：長時間陪讀，家長容易因孩子的進度慢或不專心而感到煩躁，進而發脾氣。

影響家庭氛圍：每天晚上的陪讀時間變成「戰場」，讓孩子覺得學習是一種壓力，而非樂趣。結果，孩子不但沒有因此學得更好，反而可能因為壓力過大，對學習產生抗拒，甚至影響親子關係。

4. 家庭教育的核心不是知識傳授，而是價值觀與習慣培養

家庭教育並不等同於學校教育，父母的角色應該是幫助孩子建立學習習慣與價值觀，而非取代老師的角色來教授知識。家庭教育的核心功

第十三章　避開教育的常見迷思

能包括：

　　培養孩子的責任感：讓孩子自己規劃學習時間，養成獨立完成作業的習慣。

　　建立良好的學習環境：提供一個安靜、舒適的學習空間，而不是時時監督孩子。

　　提升學習興趣：與孩子討論學習內容，幫助他們找到學習的樂趣，而非只是要求「考高分」。與學校密切合作：尊重老師的教學方式，並鼓勵孩子主動與老師溝通，而不是事事依賴父母。

　　美國教育家阿貝・鮑梅爾（Abbe F. Baumel）曾說：「優秀的教育不在於你家裡有多少書，而在於你對學習的態度。」這句話點出了父母真正應該做的，不是陪讀，而是以自身的學習態度影響孩子，讓他們愛上學習、主動求知。

正確的陪讀方式

如果完全不陪讀，許多家長可能會擔心孩子無法養成良好的學習習慣。因此，父母可以採取「適時關心、適度指導」的方法，讓孩子逐步建立自主學習的能力：

❖ 1. 創造良好的學習環境

準備一個安靜、光線充足的書桌，確保孩子可以專心學習。

減少干擾，關掉電視與手機，讓孩子有專注的空間。

❖ 2. 培養孩子獨立解決問題的能力

當孩子遇到不會的題目，讓他自己先嘗試解決，而不是直接給答案。

引導孩子思考，例如：「這題你可以用什麼方法來解？」或「這和上次學過的概念有關嗎？」

若孩子仍無法解答，再提供適當的提示，而不是直接告訴答案。

❖ 3. 讓孩子學會時間管理

設定固定的學習時間，避免拖延或臨時抱佛腳。

適當規劃學習與休息時間，例如每學習 30 分鐘休息 5～10 分鐘，提升專注力。

第十三章　避開教育的常見迷思

❖ **4. 鼓勵孩子自己檢查作業**

完成作業後，讓孩子自己檢查錯誤，而不是家長幫忙改正。

若有錯誤，可以引導孩子思考：「你覺得哪裡可能出錯？」

❖ **5. 以身作則，讓孩子看到學習的價值**

家長可以自己閱讀書籍、學習新技能，讓孩子看到「學習是一輩子的事」。

與孩子分享自己學習的經驗，例如：「我最近在學習新語言，雖然有點難，但我覺得很有趣！」

讓孩子學會為自己的學習負責

陪讀並不是提升孩子學業成績的最佳方法，反而可能造成孩子依賴心理，削弱自主學習能力，甚至影響親子關係。相較於全程監督，父母應該給予適度的支持與指導，幫助孩子養成獨立學習的習慣，讓他們能夠主動面對挑戰、解決問題，這才是對孩子真正有益的教育方式。

真正的教育不該以功利為導向

近年來，許多父母為了讓孩子「贏在起跑點」，熱衷於購買各類「成功案例」的書籍，希望藉此複製一個「菁英」子女。然而，這樣的做法往往忽略了孩子真正的需求，把教育變成一場功利競賽，甚至可能適得其反。

1. 教育的本質不在於打造「哈佛女孩」，而是培養完整的人

當父母將教育的焦點鎖定在「進入名校」，而非「培養健全人格與能力」，孩子的學習將不再是探索世界的旅程，而是單純為了分數與升學的工具。這樣的模式存在幾個重大問題：

❖ 扼殺孩子的內在動機

當學習的唯一目的變成「進名校、賺高薪」，孩子可能缺乏真正的學習興趣，甚至對知識產生厭惡。許多名校學生在畢業後發現，雖然自己滿足了父母的期待，卻對人生缺乏方向感。

❖ 忽略多元能力發展

「學科成績」並不等於「成功」，一個人的能力包含創造力、溝通力、解決問題的能力、領導力等多方面。把孩子的價值僅限於考試成績，會限制他們未來的發展空間。

第十三章　避開教育的常見迷思

❖ 剝奪孩子的快樂童年

孩子需要自由的探索、遊戲與休息來發展創造力與適應能力。如果童年被無止境的補習、競賽填滿，可能導致焦慮、憂鬱，甚至對未來失去熱情。

2. 盲目製造菁英，
可能造成孩子的「精緻窮忙族」現象

在亞洲社會，許多家長把成功等同於進入名校，然而，這種觀念並不符合現實社會的需求：

❖ 名校畢業≠事業成功

許多企業更注重個人的問題解決能力、溝通能力與抗壓性，而非學歷。例如，臺灣、日本等地的高學歷者，近年來普遍面臨「學歷貶值」的現象，一些名校畢業生甚至不如擁有技術專長的職人更受企業青睞。

❖ 過度追求成就，可能導致心理壓力

過去幾年，亞洲國家的學生壓力過大導致的心理疾病與自殺率上升，正是過度競爭的結果。許多家長忽略孩子的心理需求，只關心他們的成就，卻不知這可能讓孩子身陷焦慮與自卑之中。

❖ 世界正在變化，未來的成功標準更為多元

現今的社會不再只是「讀好書→進名校→找好工作」的單一路徑，科技、創業、自媒體、自由工作者等多元發展模式正在崛起。孩子的未來不該被父母的傳統思維所限制，他們應該有更多可能性。

3. 真正的素養教育：
培養孩子適應未來社會的能力

與其盲目追求「製造菁英」，不如思考如何讓孩子具備真正適應未來的核心能力。這些能力包括：

❖ 獨立思考與決策能力

孩子需要學會如何做決定，而不是凡事聽從父母安排。讓孩子有選擇權，並承擔結果，這將幫助他們在未來更有自信地面對挑戰。

❖ 解決問題的能力

未來的世界充滿不確定性，擁有「靈活應變」的能力比擁有固定的知識更重要。例如，學習如何獨立研究、整理資訊、分析問題，而非只是「會考試」。

❖ 情緒管理與抗壓能力

讓孩子適應失敗、學會調適壓力，遠比考試成績來得重要。未來的競爭力來自於面對挑戰的韌性，而非追求短期的完美成績。

❖ 社交與團隊合作能力

職場上最重要的能力之一就是與人溝通、合作。一個只會考試、缺乏團隊合作經驗的孩子，未來可能無法順利融入社會。

第十三章　避開教育的常見迷思

4. 名校並非唯一出路，
　　社會需要多元人才

教育的目標不應該是「每個人都進哈佛、北大」，而是讓每個孩子發揮自己的潛能，成為最好的自己。事實上，社會需要各種不同的人才：

技術人才：優秀的工程師、建築師、廚師、設計師等，都是不可或缺的。

創業家與自由工作者：許多成功企業家未必來自名校，反而擁有創新思維與實踐能力。

藝術與文化工作者：音樂、戲劇、電影、寫作等領域，同樣能為社會帶來價值。

基層勞動者：沒有農夫、清潔工、送貨員，社會將無法運轉。他們的價值不應被忽視。

因此，當父母只關注如何讓孩子成為「菁英」，卻忽略了孩子真正的興趣與專長，可能會讓孩子錯過最適合他們的發展機會。

讓孩子自由發展，才是最好的教育

我們應該擺脫「製造菁英」的迷思，讓孩子根據自己的興趣與天賦選擇發展方向，而非一味追求名校與高薪職位。真正的教育應該：

重視孩子的個別差異，尊重他們的選擇

培養孩子的核心能力，而非只關注考試成績

讓孩子享受快樂童年，避免過度競爭與壓力

理解社會需要多元人才，成功的道路不只有一種作為父母，我們能給孩子最好的禮物，不是名校的學歷，而是自主學習與獨立成長的能力。這樣，他們才能真正適應未來的世界，不管身在何處，都能活出屬於自己的一片天地。

第十三章　避開教育的常見迷思

家庭教育與學校教育存在落差

　　許多父母對孩子的期望極高，希望他們能考上頂尖大學，獲得更好的發展機會。然而，當這種期望變得過於單一、甚至壓迫式地施加於孩子身上時，不僅可能適得其反，還可能造成孩子的心理壓力與情緒困擾，使家庭教育與學校教育之間出現嚴重的不協調。

1. 高期望帶來高壓力，影響孩子心理發展

　　根據調查，超過90％的父母希望子女考上大學，這樣的期望雖然無可厚非，但問題在於父母是否能夠以健康的方式引導孩子，而非強迫他們符合自己的期待。

❖ 過度關注成績，忽略孩子的內在需求

　　有些父母為了孩子的學業不惜聘請補習老師、安排才藝班，甚至自己布置額外的家庭作業。然而，這種「學業至上」的態度，往往忽略了孩子在品德教育、勞動能力、心理素養等方面的發展，使孩子逐漸失去學習的樂趣，甚至變得叛逆、焦慮。

❖ 高壓式教育可能導致孩子心理崩潰

　　因為父母不斷比較、分析孩子的成績，導致心理壓力過大，最終選擇翹課反抗，這種情況並不罕見。當孩子感到自己的價值僅僅取決於成績的高低，卻無法滿足父母的期待時，可能會產生自我懷疑、焦慮，甚至憂鬱的情緒。

解方：

與孩子建立信任感：不要讓孩子覺得「學業成績＝父母的愛」。

多元評價標準：除了成績，也關心孩子的興趣、品格與人際能力。

適時給予肯定：當孩子努力時，即使成績不理想，也要肯定他的付出。

2. 家庭教育與學校教育的衝突，讓孩子無所適從

當家庭教育與學校教育方向不一致時，孩子容易陷入兩難的狀況。例如：

❖ 學校主張自主學習，家庭卻過度介入

有些學校推行啟發式教育，鼓勵學生自主學習，但父母卻不放心，仍然堅持「填鴨式」輔導，甚至剝奪孩子自主安排學習的權利。結果，孩子在家裡學習的方式與學校的教學方式產生矛盾，反而影響了學習效果。

❖ 學校倡導均衡發展，家庭只重視學業

許多學校強調德智體群並重，希望學生參加社團活動、培養人際互動能力。但有些父母卻認為社團活動是浪費時間，只希望孩子把時間花在補習與課業上，導致孩子內心掙扎，甚至與家長產生對立情緒。

解方：

了解學校的教育方針：與老師溝通，了解學校如何培養學生，避免家庭教育與學校教育方向衝突。

第十三章　避開教育的常見迷思

尊重孩子的學習方式：允許孩子根據自己的習慣安排學習，而非強迫他們按照家長的方式來學習。

鼓勵多元發展：學業固然重要，但孩子的成長不僅僅來自書本，也來自人際互動、社團活動與興趣發展。

3. 學習的真正目標：建立正確的教育觀念

學習應該是一個讓孩子獲得成就感、提升自我的過程，而非單純為了考試而存在。

❖ 孩子需要學習與生活的平衡

青少年階段，孩子不僅需要學習，也需要興趣、朋友、娛樂來平衡生活。如果學習成為孩子唯一的生活內容，他們可能會對未來失去熱情，甚至產生厭學情緒。

❖ 教育不應該只是「成績競爭」，而是培養完整的人

學習的目標不應該只是為了進名校，而是讓孩子擁有解決問題的能力、獨立思考的能力，以及與社會接軌的適應能力。過度強調成績，反而會讓孩子失去對未來的主導權。

解方：

學習只是生活的一部分：幫助孩子建立健康的時間管理，學習、休閒、運動三者並重。

尊重孩子的個別差異：每個孩子的學習方式不同，不要用父母的標準來強加給孩子。

> 家庭教育與學校教育存在落差

　　建立正面的學習心態：與孩子一起討論學習的意義，而不是單純要求高分。讓孩子在自由與指導間成長。

　　當家庭教育與學校教育出現矛盾時，父母應該做的不是一味施壓，而是調整期望、與孩子溝通、尊重孩子的發展節奏。真正的教育不是製造考試機器，而是培養完整而獨立的個體。如果家長能夠擁抱更開放、更彈性的教育方式，孩子將能在更健康的環境下茁壯成長，擁有屬於自己的人生。

第十三章　避開教育的常見迷思

平衡愛與教育的智慧

東方社會的父母以無私奉獻、操心一生著稱，從孩子的教育、工作到婚姻、家庭，無不費盡心力。然而，許多父母卻發現，自己的孩子並不一定領情，甚至對父母的付出充滿抱怨。這讓許多父母感到困惑：「我們做的一切都是為了孩子，為什麼他們不懂得感恩？」這樣的現象，正反映了家庭教育中「如何看待孩子」的根本問題。

1. 以「孩子的角度」看待愛

用鼓勵取代壓力：讓孩子感受到自己的努力被認可，而不是只有達到父母標準才值得被愛。

避免過度情緒化反應：孩子的成績與父母的情緒不應該直接掛鉤，否則會讓孩子無法正向面對挑戰。

2. 讓孩子從體驗中學習，而非僅靠說教

東方家庭教育常常「只講道理」，但缺乏具體行動，導致孩子難以內化價值觀。相比之下，西方父母更強調體驗式學習，讓孩子從實際經歷中理解行為的後果。

更有效的教育方式：

適當懲罰，但非體罰：例如，沒完成作業→減少娛樂時間，讓孩子意識到行為的後果。

讓孩子參與家庭責任：如整理房間、洗碗，培養責任感。

鼓勵孩子做決定：讓孩子決定週末活動、購買書籍等，培養自主意識。

3. 學習成長，而非強行塑造「完美孩子」

孩子並非父母的「作品」，而是獨立的個體。他們會犯錯、會迷茫，也會有自己的夢想與選擇。

如何幫助孩子發展個人潛能？

關注孩子的興趣與天賦，而非社會標準。

提供選擇的機會，而非單一的升學道路。

相信孩子有能力為自己做決定，父母應該是支持者，而不是指揮者。

第十三章　避開教育的常見迷思

用智慧看待孩子，讓愛更有力量

　　想要成為真正成功的父母，不是給孩子最多的物質，而是給予尊重、理解與成長的機會。讓孩子感受到父母的愛是支持，而非壓力，他們才能真正快樂、自信地成長。

　　當孩子感受到真正的尊重與關愛，他們才能在未來的道路上勇敢前行，成為有智慧、有能力、有自信的獨立個體。

智育與體育的平衡之道

　　近年來，學業壓力導致學生的課業負擔加重，運動時間嚴重不足。這種現象不僅影響兒童的生長發育，也造成近視率攀升、體能下降，甚至心理健康問題。許多家長把孩子的「成績」視為唯一標準，卻忽略了「健康的身體」才是人生長遠發展的基礎。

1. 學業壓力下的體育困境

　　學校體育課的邊緣化為了提高升學率，不少學校壓縮體育課時間，甚至在考試前完全取消體育課。

　　體育活動受限於安全考量，缺乏高強度訓練，導致學生體能下降。孩子的運動時間不足大部分學生每天放學後仍要補習、寫作業，幾乎沒有時間運動。週末時間也被才藝課、補習班占據，無法自由活動。

　　缺乏體育鍛鍊導致學生的耐力、柔韌性、爆發力下降，肥胖率增加。家庭過度保護許多孩子由祖父母照顧，過度溺愛導致體能發展受限。例如：不讓孩子跑跳，擔心受傷；冬天過度穿衣，導致孩子體溫調節能力下降。

　　家長認為「學習第一」，忽視運動的重要性，甚至限制孩子戶外活動。

2. 體育對孩子的重要性

　　許多研究表明，體育鍛鍊對孩子的生理、心理與學習能力有顯著影響：

第十三章　避開教育的常見迷思

提升學習表現運動可促進大腦發展，增強記憶力與專注力，提高學習效率。

美國學者研究發現，運動能力較強的孩子，學業成績通常也較優秀。增強身體經常運動可提升肺活量、增強心肺功能，減少肥胖及慢性疾病風險。

增強骨骼與肌肉發展，改善身體協調性與靈活度。改善心理健康體育活動能釋放壓力，減少焦慮與憂鬱，提升自信心。

運動可促進內啡肽（快樂荷爾蒙）分泌，使孩子心情愉悅。培養良好習慣體育鍛鍊能培養紀律、團隊合作與堅持不懈的精神。

孩子在體育活動中學會挑戰自我，提升抗壓能力。

家長如何幫助孩子平衡學習與運動？

家長在孩子的教育過程中扮演關鍵角色，應該主動引導孩子建立「學習與運動並重」的習慣。

建議做法：

設定「每日運動時間」建議每天至少運動 1～2 小時，如慢跑、打球、游泳、跳繩等。

可利用課間或放學後運動，如走路回家、騎腳踏車等。與孩子一起運動週末可以帶孩子遠足、騎車、爬山、游泳，讓運動變成全家人的樂趣。

讓孩子參加體育社團（籃球隊、羽球社、跆拳道等），讓運動成為生活的一部分。減少「補習時間」，增加「戶外時間」不要讓孩子每天從學校回家後直接進入「補習 ── 寫作業 ── 睡覺」的循環。

適當減少補習課程，保留孩子自由活動的時間。 鼓勵孩子發展體育興趣讓孩子嘗試不同運動，找到自己喜歡的項目，如：籃球、羽球、游泳、跑步、攀岩等。

設定運動目標，如一週運動 5 次，每次至少 30 分鐘，讓運動變成習慣。避免過度保護別過度擔心孩子的安全，適當讓孩子嘗試體育挑戰，如攀岩、馬拉松等。

允許孩子在運動中跌倒，這是成長過程的一部分。

3. 學校、家庭、社會共同推動體育教育

體育不僅是個人問題，更需要學校、家庭與社會的協力合作。

學校應積極推動體育課確保體育課時間不被壓縮，提升課程內容的多樣性與挑戰性。

提供充足的體育設施，鼓勵學生積極參與運動社團。家長應支持孩子運動不要只關心成績，也要重視孩子的身心發展。

鼓勵孩子參加學校運動競賽，增強自信與團隊合作精神。社會應提供更多運動場地政府應建立更多公園、運動場館，讓孩子有更多運動空間。

社區可組織親子運動活動，讓運動變成家庭與社會的共同目標。

管教不失效！父母的用心，不成為孩子的枷鎖：

從情緒勒索到有效溝通，化解親子衝突、重建理解與信任

作　　者：	李詩彤
發 行 人：	黃振庭
出 版 者：	樂律文化事業有限公司
發 行 者：	崧博出版事業有限公司
E-mail：	sonbookservice@gmail.com
粉 絲 頁：	https://www.facebook.com/sonbookss/
網　　址：	https://sonbook.net/
地　　址：	台北市中正區重慶南路一段 61 號 8 樓 8F., No.61, Sec. 1, Chongqing S. Rd., Zhongzheng Dist., Taipei City 100, Taiwan
電　　話：	(02)2370-3310
傳　　真：	(02)2388-1990
印　　刷：	京峯數位服務有限公司
律師顧問：	廣華律師事務所 張珮琦律師

-版權聲明

本書作者使用 AI 協作，若有其他相關權利及授權需求請與本公司聯繫。
未經書面許可，不得複製、發行。

定　　價：480 元
發行日期：2025 年 04 月第一版
◎本書以 POD 印製

國家圖書館出版品預行編目資料

管教不失效！父母的用心，不成為孩子的枷鎖：從情緒勒索到有效溝通，化解親子衝突、重建理解與信任 / 李詩彤 著 . -- 第一版 . -- 臺北市 : 樂律文化事業有限公司 , 2025.04
面；　公分
POD 版
ISBN 978-626-7699-04-1(平裝)
1.CST: 親職教育　2.CST: 子女教育　3.CST: 親子關係
528.2　　　　　　114003792

電子書購買

爽讀 APP　　臉書